# 大方廣佛華嚴經 讀誦 37

### 🌸 일러두기

1. 『독송본 한문·한글역 대방광불화엄경』은 실차난타가 한역(695~699)한 80권 『대방광불화엄경』의 한문 원문과 한글역을 함께 수록한 것이다. 한문에는 음사와 현토를 부기하였다.

2. 원문의 저본은 고종 2년(1865) 월정사에서 인경한 고려대장경 『대방광불화엄경』에 한암 스님이 현토(1949년)한 것을 범룡 스님이 영인 출판(1990년)한 『대방광불화엄경』이다.

3. 한문은 저본에서 누락되었거나 글자가 다르다고 판단된 부분은 저본인 고려대장경 각권의 말미에 교감되어 있는 내용을 중심으로 하고 봉은사판 『대방광불화엄경수소연의초』와 신수대장경 각주에서 밝힌 교감본을 참조하여 보입하고 수정하였다.

4. 한글 번역은 동국역경원에서 발간한 한글 『대방광불화엄경』(운허)을 중심으로 하고 『신화엄경합론』(탄허)과 『대방광불화엄경 강설』(여천무비) 그리고 최근의 여타 번역본 등을 참조하였다.

5. 저본의 원문에서 이체자의 경우 훈글이 제공하는 이체자는 그대로 살리고 훈글이 제공하지 않는 글자는 통용되는 정자로 바꾸었다. 예) 間 → 閒 / 焰 → 燄 / 宮 → 宮 / 偁 → 稱

6. 한글 번역은 독송과 사경을 위하여 정확성과 아울러 가독성을 고려하였다. 극존칭은 부처님과 불경계에 대해서만 사용하였다.

7. 독송본의 차례는 일러두기 → 본문 → 화엄경 목차 → 간행사의 순차이다.
   (법공양판에는 간행사 다음에 간행불사 동참자를 밝혀 두었다.)

8. 독송본의 한글역은 사경의 편의를 도모하기 위해 그 편집을 달리하여 『사경본 한글역 대방광불화엄경』으로 함께 간행한다. 독송본과 사경본 모두 80권 『대방광불화엄경』의 권별 목차 순으로 간행한다.

독송본 한문·한글역

# 대방광불화엄경 제37권
大方廣佛華嚴經 卷第三十七

26. 십지품 [4]

十地品 第二十六之四

실차난타 한역
수미해주 한글역

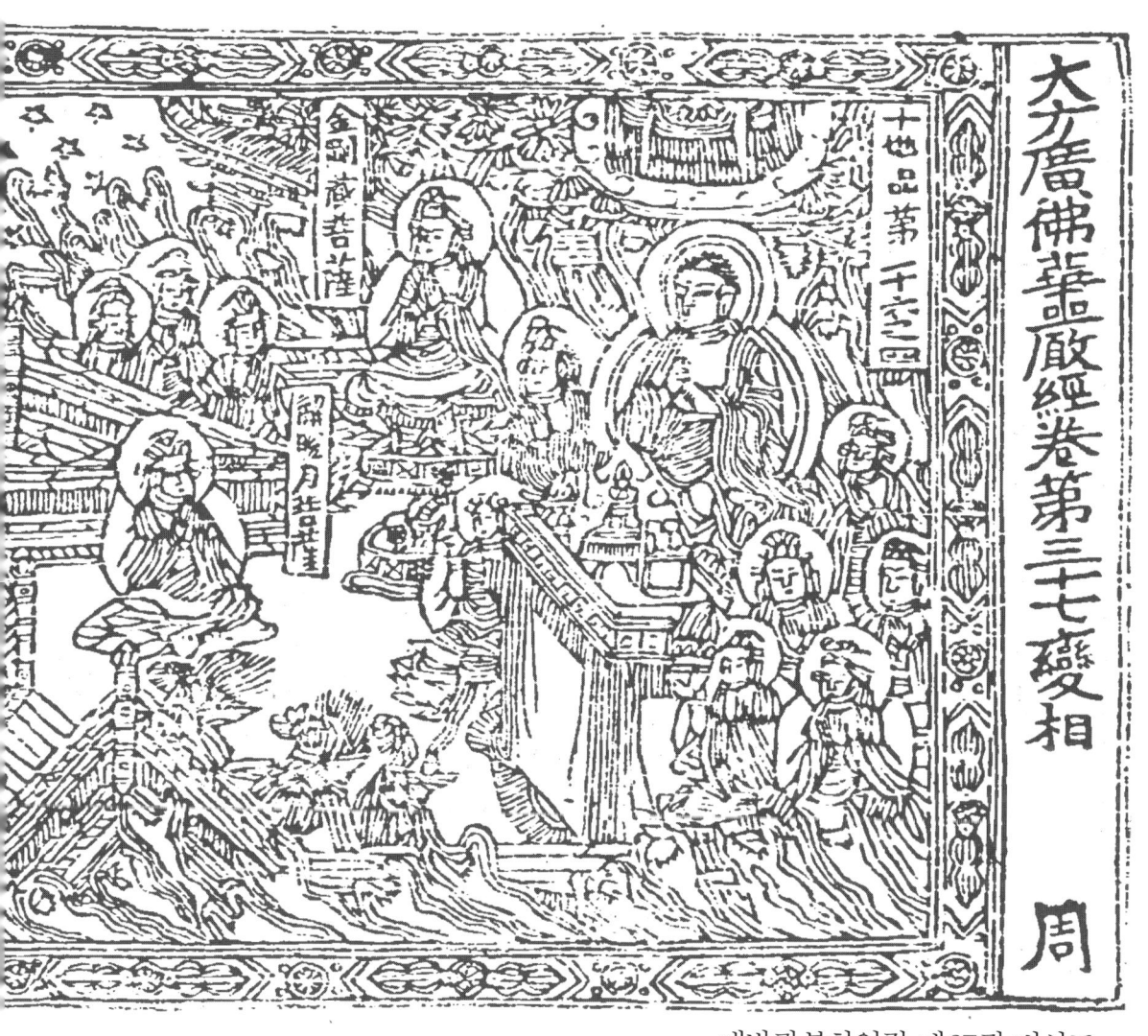

대방광불화엄경 제37권 변상도

# 대방광불화엄경
제37권

## 26. 십지품 [4]

# 대방광불화엄경 권제삼십칠
## 大方廣佛華嚴經 卷第三十七

### 십지품 제이십육지사
### 十地品 第二十六之四

보살기문제승행　　　　기심환희우묘화
**菩薩旣聞諸勝行**하고　**其心歡喜雨妙華**하며

방정광명산보주　　　　공양여래칭선설
**放淨光明散寶珠**하야　**供養如來稱善說**이로다

백천천중개흔경　　　　공재공중산중보
**百千天衆皆欣慶**하야　**共在空中散衆寶**와

화만영락급당번　　　　보개도향함공불
**華鬘瓔珞及幢幡**과　　**寶蓋塗香咸供佛**이로다

# 대방광불화엄경 제37권

## 26. 십지품 [4]

보살이 이미 모든 수승한 행을 듣고는
그 마음 환희하여 미묘한 꽃을 비내리며
청정한 광명 놓고 보배구슬을 흩어
여래께 공양올리고 훌륭한 설법을 칭찬하였다.

백천의 하늘 대중들이 모두 기뻐하며
함께 공중에서 온갖 보배를 흩고
꽃다발과 영락과 깃대와 깃발과 보배 일산과
바르는 향으로 다 부처님께 공양올렸다.

자재천왕병권속
自在天王幷眷屬이

심생환희주공중
心生歡喜住空中하야

산보성운지공양
散寶成雲持供養하고

찬언불자쾌선설
讚言佛子快宣說이로다

무량천녀공중주
無量天女空中住하야

공이악음가찬불
共以樂音歌讚佛하니

음중실작여시언
音中悉作如是言호대

불어능제번뇌병
佛語能除煩惱病이로다

법성본적무제상
法性本寂無諸相하야

유여허공불분별
猶如虛空不分別이라

초제취착절언도
超諸取著絶言道하니

진실평등상청정
眞實平等常淸淨이로다

자재천왕과 권속들이
마음에 환희를 내어 공중에 머물러
보배를 흩어 구름 이루어서 가져 공양하고
찬탄해 말하였다. "불자여, 빨리 설하소서."

한량없는 천녀들이 공중에 머물러
함께 음악과 가사로 부처님을 찬탄하니
음성 중에 모두 이와 같이 말하였다.
"부처님의 말씀은 번뇌의 병을 능히 없애시도다.

법성은 본래 고요하여 모든 모양이 없으니
마치 허공이 분별하지 않는 것과 같음이라
모든 취착을 초월하고 말의 길이 끊어져
진실하고 평등하여 항상 청정하도다.

약능통달제법성
**若能通達諸法性**하면
어유어무심부동
**於有於無心不動**이나

위욕구세근수행
**爲欲救世勤修行**이니
차불구생진불자
**此佛口生眞佛子**로다

불취중상이행시
**不取衆相而行施**하며
본절제악견지계
**本絕諸惡堅持戒**하며

해법무해상감인
**解法無害常堪忍**하며
지법성이구정진
**知法性離具精進**하며

이진번뇌입제선
**已盡煩惱入諸禪**하며
선달성공분별법
**善達性空分別法**하며

구족지력능박제
**具足智力能博濟**하야
멸제중악칭대사
**滅除衆惡稱大士**로다

만약 모든 법성을 능히 통달하면
있음과 없음에 마음이 흔들리지 않고
세상을 구원하려 부지런히 수행하니
부처님의 입에서 태어난 참불자로다.

온갖 모양 취하지 않고서 보시를 행하며
모든 악을 본래 끊어 계를 굳게 지니며
법에 해로움 없음을 알아 항상 참고 견디며
법이 성품 여읨을 알아 갖추어 정진하도다.

이미 번뇌를 다하여 모든 선정에 들며
성품이 공함을 잘 통달하여 법을 분별하며
지혜의 힘을 구족하여 능히 널리 구제하니
온갖 악을 없애어 큰보살이라 불리도다."

여시묘음천만종 　　　　 찬이묵연첨앙불
**如是妙音千萬種**으로 　**讚已默然瞻仰佛**이러니

해탈월어금강장 　　　　 이하행상입후지
**解脫月語金剛藏**호대 　**以何行相入後地**니잇고

이시　금강장보살　　고해탈월보살언
**爾時**에 **金剛藏菩薩**이 **告解脫月菩薩言**하시니라

불자　보살마하살　　이구족제오지　　욕입제
**佛子**야 **菩薩摩訶薩**이 **已具足第五地**에 **欲入第**

육현전지　　당관찰십평등법
**六現前地**인댄 **當觀察十平等法**이니라

하등　　위십
**何等**이 **爲十**고

이와 같은 묘한 음성 천만 가지로
찬탄하고 묵묵히 부처님을 우러러보니
해탈월이 금강장에게 말씀하였다.
"어떤 행상으로 다음 지위에 들어갑니까?"


그때에 금강장 보살이 해탈월 보살에게 말씀하였다.
"불자여, 보살마하살이 이미 제5지를 구족하고 제6 현전지에 들어가려 한다면 마땅히 열 가지 평등한 법을 관찰해야 한다.
무엇이 열인가?
이른바 일체법이 모양이 없으므로 평등하며,

所謂一切法無相故로 平等하며 無體故로 平等하며 無生故로 平等하며 無成故로 平等하니라

本來淸淨故로 平等하며 無戲論故로 平等하며 無取捨故로 平等하며 寂靜故로 平等하니라

如幻如夢하고 如影如響하고 如水中月하고 如鏡中像하고 如燄如化故로 平等하며 有無不二故로 平等이니라

菩薩이 如是觀一切法自性淸淨하야 隨順無

체가 없으므로 평등하며, 생겨남이 없으므로 평등하며, 이루어짐이 없으므로 평등하다.

본래 청정하므로 평등하며, 희론이 없으므로 평등하며, 취하고 버림이 없으므로 평등하며, 적정하므로 평등하다.

환 같고 꿈 같고 그림자 같고 메아리 같고 물 속의 달 같고 거울 속의 영상 같고 불꽃 같고 화현 같으므로 평등하며, 있음과 없음이 둘이 아니므로 평등하다.

보살이 이와 같이 일체 법의 자성이 청정함을 관찰하고 수순하여 어김이 없어서 제6 현전지에 들어가되, 밝고 예리한 수순인은 얻으

위
違하야 得入第六現前地호대 得明利隨順忍이요

미득무생법인
未得無生法忍이니라


불자  차보살마하살  여시관이  부이대비
佛子야 此菩薩摩訶薩이 如是觀已에 復以大悲

위수   대비증상   대비만족   관세간생
爲首하며 大悲增上하며 大悲滿足하야 觀世間生

멸  작시념   세간수생  개유착아  약리
滅하고 作是念호대 世間受生이 皆由著我니 若離

차착   즉무생처
此著이면 則無生處로다

부작시념
復作是念하나라

나 아직 무생법인은 얻지 못한다.

불자여, 이 보살마하살이 이와 같이 관찰하고는 다시 대비로 으뜸을 삼으며 대비가 더 늘어나며 대비가 만족하여 세간의 생멸을 관찰하고, 이 생각을 하기를 '세간에 태어남이 모두 나에 집착함을 말미암음이니, 만일 이 집착을 여의면 곧 태어나는 일이 없으리라.'라고 한다.
다시 이 생각을 한다.
'범부가 지혜가 없어서 나에 집착하여 항상 있음과 없음을 구하며, 바르게 생각하지 못하여 허망한 행을 일으키고 삿된 도를 행하여

범부무지　　집착어아　　상구유무　　부정
凡夫無智하야 執著於我하야 常求有無하며 不正

사유　　기어망행　　행어사도　　죄행복행
思惟로 起於妄行하야 行於邪道하야 罪行福行

부동행　　적집증장　　어제행중　　식심종
不動行을 積集增長하며 於諸行中에 植心種

자　　유루유취　　부기후유　　생급노사
子하야 有漏有取하며 復起後有의 生及老死하나니라

소위업위전　　식위종　　무명암부　　애
所謂業爲田이요 識爲種이어든 無明闇覆하고 愛

수위윤　　아만개관　　견망증장　　생명색
水爲潤하고 我慢漑灌하고 見網增長하야 生名色

아　　명색 증장　　생오근　　제근　　상대
芽하며 名色이 增長하야 生五根하며 諸根이 相對

생촉　　촉대생수
生觸하며 觸對生受하나니라

죄 짓는 행과 복 받는 행과 움직이지 않는 행을 쌓고 모아 증장하며, 모든 행에 마음의 종자를 심어 번뇌도 있고 취착[取]도 있으며, 다시 뒤의 존재의 태어남[生]과 늙음과 죽음[老死]을 일으킨다.

 이른바 업은 밭이 되고 식은 종자가 되며 무명이 어둡게 덮어주고 갈애[愛]의 물이 적셔주고 아만이 물을 대주며 견해의 그물이 증장하여 이름과 물질[名色]의 싹을 낸다. 이름과 물질이 증장하여 다섯 기관[根]을 내며, 모든 기관이 상대하여 접촉[觸]을 내며, 접촉하여 대함이 느낌[受]을 낸다.

수후희구생애　　　애증장생취　　　취증장생
受後希求生愛하며 愛增長生取하며 取增長生

유　　유생이　　어제취중　　기오온신　　명
有하며 有生已하야는 於諸趣中에 起五蘊身이 名

생　　생이쇠변　　위노　　종몰　　위사
生이요 生已衰變이 爲老요 終歿이 爲死라

어노사시　　생제열뇌　　인열뇌고　　우수비
於老死時에 生諸熱惱하고 因熱惱故로 憂愁悲

탄중고개집
歎衆苦皆集이니라

차인연고　　집　　무유집자　　임운이멸　　역
此因緣故로 集이라 無有集者하며 任運而滅이라 亦

무멸자　　보살　　여시수순관찰연기지상
無滅者하니 菩薩이 如是隨順觀察緣起之相이니라

느낌 후에 희구하여 갈애를 내며, 갈애가 증장하여 취착을 내며, 취착이 증장하여 존재[有]를 내며, 존재가 생겨나고는 모든 갈래 중에 오온의 몸을 일으킴을 이름하여 태어남이라 하며, 태어나서는 쇠하여 변함을 늙음이라 하고 마침내 끝남을 죽음이라 한다.

늙고 죽는 때에 모든 뜨거운 고뇌를 내고 뜨거운 고뇌를 인한 까닭으로 근심과 걱정과 슬픔과 탄식의 온갖 고통이 모두 모인다.

이것은 인연인 까닭으로 모이니 모으는 자가 없으며, 저절로 멸하니 또한 멸하는 자도 없다. 보살이 이와 같이 연기의 모양을 수순하여 관찰한다.'

불자 차보살마하살  부작시념
佛子야 此菩薩摩訶薩이 復作是念하나니라

어제일의제  불료고  명무명  소작업과
於第一義諦에 不了故로 名無明이요 所作業果가

시행
是行이요

행의지초심  시식  여식공생사취온  위
行依止初心이 是識이요 與識共生四取蘊이 爲

명색
名色이요

명색증장  위육처  근경식삼사화합  시
名色增長이 爲六處요 根境識三事和合이 是

촉  촉공생유수
觸이요 觸共生有受요

어수염착  시애  애증장  시취  취소기유
於受染著이 是愛요 愛增長이 是取요 取所起有

불자여, 이 보살마하살이 다시 이 생각을 한다.

'제일의제를 알지 못하므로 이름하여 무명이라 하고, 지은 바 업의 과보가 행이다.

행이 의지하는 첫 마음이 식이고, 식과 함께 생겨나는 네 가지 온이 이름과 물질이 된다.

이름과 물질이 증장하여 여섯 기관[六處]이 되고, 기관[根]과 대상[境]과 식의 셋이 화합함이 접촉이고, 접촉과 함께 생겨나 느낌이 있다.

느낌에 물들어 집착함이 갈애이고, 갈애가 증장함이 취착이고, 취착으로 일어난 바인 번뇌의 업을 존재라 한다. 업으로부터 온을 일으

漏業이 爲有요 從業起蘊이 爲生이요 蘊熟이 爲老요 蘊壞가 爲死라

死時離別에 愚迷貪戀하야 心曾煩悶이 爲愁요

涕泗咨嗟가 爲歎이요 在五根이 爲苦요 在意地가 爲憂요 憂苦轉多가 爲惱요 如是但有苦樹增長이언정 無我無我所하며 無作無受者니라

復作是念호대 若有作者인댄 則有作事요 若無作者인댄 亦無作事어니와 第一義中엔 俱不可

킴을 태어남이라 하고, 온이 성숙함을 늙음이라 하고 온이 무너짐을 죽음이라 한다.

 죽을 때 이별함에 어리석어 탐하고 그리워하여 가슴이 답답한 것을 걱정이라 하고, 눈물 콧물 흘리며 애석해 함을 탄식이라 한다. 오근에 있어서는 괴로움이라 하고, 뜻에 있어서는 근심이라 하고, 근심과 괴로움이 점점 많아짐을 고뇌라 한다. 이와 같이 다만 괴로움의 나무가 자라지만, 나도 없고 나의 것도 없으며 지음도 없고 받는 자도 없다.'

 다시 이 생각을 하기를 '만약 짓는 자가 있으면 짓는 일이 있고, 만약 짓는 자가 없으면 또

득
**得**이니라

불자   차보살마하살    부작시념
**佛子**야 **此菩薩摩訶薩**이 **復作是念**하나니라

삼계소유    유시일심     여래어차      분별
**三界所有**가 **唯是一心**이라 **如來於此**에 **分別**

연설       십이유지    개의일심     여시이
**演說**하사대 **十二有支**가 **皆依一心**하야 **如是而**

립
**立**이라하시니라

하 이 고    수사탐욕    여심공생     심시식
**何以故**오 **隨事貪欲**이 **與心共生**하나니 **心是識**이요

사 시 행
**事是行**이라

한 짓는 일도 없으니, 제일의에서는 모두 얻을 수 없다.'

불자여, 이 보살마하살이 다시 이 생각을 한다. '삼계에 있는 것이 오직 한 마음뿐이다. 여래께서 이것을 분별하여 연설하시되 열두 항목[十二有支]이 모두 한 마음을 의지하여 이와 같이 성립된다고 하신다.

무슨 까닭인가? 일을 따르는 탐욕이 마음과 함께 생겨나니, 마음은 식이고 일은 행이다.

행에 미혹함이 무명이고, 무명과 마음이 함께 생겨나는 것이 이름과 물질이다.

어행미혹   시무명   여무명급심공생   시
**於行迷惑**이 **是無明**이요 **與無明及心共生**이 **是**

명색
**名色**이요

명색증장   시육처   육처삼분합   위촉
**名色增長**이 **是六處**요 **六處三分合**이 **爲觸**이요

촉공생   시수
**觸共生**이 **是受**요

수무염족   시애   애섭불사   시취   피제유
**受無厭足**이 **是愛**요 **愛攝不捨**가 **是取**요 **彼諸有**

지생   시유
**支生**이 **是有**요

유소기   명생   생숙   위노   노괴   위사
**有所起**가 **名生**이요 **生熟**이 **爲老**요 **老壞**가 **爲死**니라

이름과 물질이 증장한 것이 여섯 기관이고, 여섯 기관의 세 부분이 합한 것을 접촉이라 하고, 접촉과 함께 생겨나는 것이 느낌이다.

느낌에 만족해 싫어함이 없는 것이 갈애이고, 갈애가 거두어 버리지 않음이 취착이고, 저 모든 항목이 생겨남이 존재이다.

존재가 일어나는 것을 이름하여 태어남이라 하고, 태어나 성숙하는 것을 늙음이라 하고 늙어 무너지는 것을 죽음이라 한다.'


불자여, 이 가운데 무명이 두 가지 업이 있으니, 하나는 중생으로 하여금 반연하는 바에

불자  차중무명  유이종업    일  영중
**佛子**야 **此中無明**이 **有二種業**하니 **一**은 **令衆**

생    미어소연    이  여행작생기인
**生**으로 **迷於所緣**이요 **二**는 **與行作生起因**이니라

행역유이종업    일  능생미래보    이  여
**行亦有二種業**하니 **一**은 **能生未來報**요 **二**는 **與**

식작생기인
**識作生起因**이니라

식역유이종업    일  영제유상속    이  여
**識亦有二種業**하니 **一**은 **令諸有相續**이요 **二**는 **與**

명색작생기인
**名色作生起因**이니라

명색  역유이종업    일  호상조성    이
**名色**도 **亦有二種業**하니 **一**은 **互相助成**이요 **二**는

여육처작생기인
**與六處作生起因**이니라

미혹하게 하는 것이고 둘은 행이 생겨나게 하는 원인이 되는 것이다.

행도 또한 두 가지 업이 있으니, 하나는 미래의 과보를 능히 내는 것이고 둘은 식이 생겨나게 하는 원인이 되는 것이다.

식도 또한 두 가지 업이 있으니, 하나는 모든 존재가 상속하게 하는 것이고 둘은 이름과 물질이 생겨나게 하는 원인이 되는 것이다.

이름과 물질도 또한 두 가지 업이 있으니, 하나는 서로 도와 이루는 것이고 둘은 여섯 기관이 생겨나게 하는 원인이 되는 것이다.

여섯 기관도 또한 두 가지 업이 있으니, 하나

육처　역유이종업　　일　각취자경계　　이
**六處**도 **亦有二種業**하니 **一**은 **各取自境界**요 **二**는

여촉작생기인
**與觸作生起因**이니라

촉역유이종업　　일　능촉소연　　이　여수
**觸亦有二種業**하니 **一**은 **能觸所緣**이요 **二**는 **與受**

작생기인
**作生起因**이니라

수역유이종업　　일　능령수애증등사　이
**受亦有二種業**하니 **一**은 **能領受愛憎等事**요 **二**는

여애작생기인
**與愛作生起因**이니라

애역유이종업　　일　염착가애사　　이　여
**愛亦有二種業**하니 **一**은 **染著可愛事**요 **二**는 **與**

취작생기인
**取作生起因**이니라

는 각각 자기 경계에 취착하는 것이고 둘은 접촉이 생겨나게 하는 원인이 되는 것이다.

접촉도 또한 두 가지 업이 있으니, 하나는 반연하는 바를 능히 접촉하는 것이고 둘은 느낌이 생겨나게 하는 원인이 되는 것이다.

느낌도 또한 두 가지 업이 있으니, 하나는 갈애와 증오 등의 일을 능히 받아들이는 것이고 둘은 갈애가 생겨나게 하는 원인이 되는 것이다.

갈애도 또한 두 가지 업이 있으니, 하나는 사랑할 만한 일에 물들어 집착하는 것이고 둘은 취착이 생겨나게 하는 원인이 되는 것이다.

취착도 또한 두 가지 업이 있으니, 하나는 모

취역유이종업　　　일　영제번뇌상속　　　이
**取亦有二種業**하니 一은 **令諸煩惱相續**이요 二는

여유작생기인
**與有作生起因**이니라

유역유이종업　　　일　　능령어여취중생
**有亦有二種業**하니 一은 **能令於餘趣中生**이요

이　여생작생기인
二는 **與生作生起因**이니라

생역유이종업　　　일　능기제온　　　이　여노
**生亦有二種業**하니 一은 **能起諸蘊**이요 二는 **與老**

작생기인
**作生起因**이니라

노역유이종업　　　일　영제근변이　　이　여
**老亦有二種業**하니 一은 **令諸根變異**요 二는 **與**

사작생기인　　사역유이종업　　　일　능괴제
**死作生起因**이며 **死亦有二種業**하니 一은 **能壞諸**

든 번뇌가 상속하게 하는 것이고 둘은 존재가 생겨나게 하는 원인이 되는 것이다.

존재도 또한 두 가지 업이 있으니, 하나는 나머지 갈래 중에 태어나게 하는 것이고 둘은 태어남이 생겨나게 하는 원인이 되는 것이다.

태어남도 또한 두 가지 업이 있으니, 하나는 모든 온을 일으키는 것이고 둘은 늙음이 생겨나게 하는 원인이 되는 것이다.

늙음도 또한 두 가지 업이 있으니, 하나는 모든 기관으로 하여금 변하여 달라지게 하는 것이고 둘은 죽음이 생겨나게 하는 원인이 되는 것이다. 죽음도 또한 두 가지 업이 있으니, 하나는

行이요 二는 不覺知故로 相續不絶이니라

佛子야 此中無明緣行으로 乃至生緣老死者는
由無明乃至生爲緣하야 令行乃至老死로 不斷
助成故요

無明滅則行滅로 乃至生滅則老死滅者는 由
無明乃至生不爲緣하야 令諸行乃至老死로 斷
滅不助成故니라

모든 행을 무너뜨리는 것이고 둘은 깨달아 알지 못하기 때문에 상속하여 끊어지지 않는 것이다.

불자여, 이 가운데 무명이 행을 반연하고 내지 태어남이 늙음과 죽음을 반연하는 것은, 무명 내지 태어남이 조건이 됨을 말미암아 행 내지 늙음과 죽음이 끊어지지 않고 도와 이루어지게 하는 까닭이다.

무명이 멸하면 행이 멸하고 내지 태어남이 멸하면 늙음과 죽음이 멸하는 것은, 무명 내지 태어남이 조건이 되지 않음을 말미암아 모든 행 내지 늙음과 죽음이 끊어져 멸하여 도

불자 차중  무명애취부단  시번뇌도  행
佛子야 此中에 無明愛取不斷은 是煩惱道요 行

유부단  시업도  여분부단  시고도
有不斷은 是業道요 餘分不斷은 是苦道라

전후제분별  멸  삼도단  여시삼도  이
前後際分別이 滅하면 三道斷이니 如是三道가 離

아아소  단유생멸  유여속로
我我所하야 但有生滅이 猶如束蘆니라

부차무명연행자  시관과거  식내지수
復次無明緣行者는 是觀過去요 識乃至受는

시관현재  애내지유  시관미래  어시이
是觀現在요 愛乃至有는 是觀未來라 於是以

후  전전상속  무명멸행멸자  시관대
後에 展轉相續하나니 無明滅行滅者는 是觀待

와 이루어지지 않게 하는 까닭이다.

　불자여, 이 가운데 무명과 갈애와 취착이 끊어지지 않음은 번뇌의 길이고, 행과 존재가 끊어지지 않음은 업의 길이고, 나머지 부분이 끊어지지 않음은 고통의 길이다.
　앞과 뒤의 때의 분별이 멸하면 세 길이 끊어지니, 이처럼 세 길이 '나'와 '나의 것'을 여의어 다만 생멸만 있는 것이 묶어서 세운 갈대와 같다.

　다시 또 무명이 행을 반연하는 것은 과거를 관하는 것이고, 식 내지 느낌은 현재를 관하는 것

단
**斷**이니라


부차십이유지　　명위삼고　　차중무명행
**復次十二有支**가 **名爲三苦**니 **此中無明行**으로

내지육처　　시행고　　촉수　　시고고　　여시괴
**乃至六處**는 **是行苦**요 **觸受**는 **是苦苦**요 **餘是壞**

고　　무명멸행멸자　　시삼고단
**苦**니라 **無明滅行滅者**는 **是三苦斷**이니라


부차무명연행자　　무명인연　　능생제행
**復次無明緣行者**는 **無明因緣**이 **能生諸行**이요

무명멸행멸자　　이무무명　　제행역무　　여역
**無明滅行滅者**는 **以無無明**에 **諸行亦無**니 **餘亦**

이고, 갈애 내지 존재는 미래를 관하는 것이니, 이 이후에 차례로 상속한다. 무명이 멸하면 행이 멸하는 것은 상대가 끊어짐을 관하는 것이다.

　다시 또 열두 항목을 이름하여 세 고통이라 한다. 이 가운데 무명과 행 내지 여섯 기관은 행고이고, 접촉과 느낌은 고고이고, 나머지는 괴고이다. 무명이 멸하면 행이 멸하는 것은 세 고통이 끊어지는 것이다.

　다시 또 무명이 행을 반연하는 것은 무명의 인연이 모든 행을 능히 생겨나게 하는 것이다.

여시
如是니라

우무명연행자　시생계박　무명멸행멸자
又無明緣行者는 是生繫縛이요 無明滅行滅者는

시멸계박　여역여시
是滅繫縛이니 餘亦如是니라

우무명연행자　시수순무소유관　무명멸
又無明緣行者는 是隨順無所有觀이요 無明滅

행멸자　시수순진멸관　여역여시
行滅者는 是隨順盡滅觀이니 餘亦如是니라

무명이 멸하면 행이 멸하는 것은 무명이 없으므로 모든 행 또한 없는 것이다. 나머지도 또한 이와 같다.


또 무명이 행을 반연하는 것은 속박을 생겨나게 하는 것이다. 무명이 멸하면 행이 멸하는 것은 속박을 멸하는 것이다. 나머지도 또한 이와 같다.


또 무명이 행을 반연하는 것은 있는 바가 없음에 수순하는 관찰이다. 무명이 멸하면 행이 멸하는 것은 다하여 멸함에 수순하는 관찰이다. 나머지도 또한 이와 같다.

佛子야 菩薩摩訶薩이 如是十種逆順으로 觀諸

緣起하나니라

所謂有支相續故며 一心所攝故며 自業差別

故며 不相捨離故며 三道不斷故니라

觀過去現在未來故며 三苦聚集故며 因緣生

滅故며 生滅繫縛故며 無所有盡觀故니라

佛子야 菩薩摩訶薩이 以如是十種相으로 觀

불자여, 보살마하살이 이와 같이 열 가지 거스름과 수순함으로 모든 연기를 관찰한다.

이른바 항목이 서로 이어지는 까닭이며, 한 마음에 포섭되는 까닭이며, 자신의 업이 차별되는 까닭이며, 서로 버리고 여의지 않는 까닭이며, 세 길이 끊어지지 않는 까닭이다.

과거와 현재와 미래를 관찰하는 까닭이며, 세 고통의 무더기가 모이는 까닭이며, 인연으로 생멸하는 까닭이며, 속박을 생겨나게 하고 멸하는 까닭이며, 없음과 다함을 관찰하는 까닭이다.

불자여, 보살마하살이 이와 같이 열 가지 모

諸<sup>제</sup>緣<sup>연</sup>起<sup>기</sup>하야 知<sup>지</sup>無<sup>무</sup>我<sup>아</sup>無<sup>무</sup>人<sup>인</sup>無<sup>무</sup>壽<sup>수</sup>命<sup>명</sup>하며 自<sup>자</sup>性<sup>성</sup>空<sup>공</sup>하며

無<sup>무</sup>作<sup>작</sup>者<sup>자</sup>無<sup>무</sup>受<sup>수</sup>者<sup>자</sup>하면 即<sup>즉</sup>得<sup>득</sup>空<sup>공</sup>解<sup>해</sup>脫<sup>탈</sup>門<sup>문</sup>現<sup>현</sup>在<sup>재</sup>前<sup>전</sup>하나라

觀<sup>관</sup>諸<sup>제</sup>有<sup>유</sup>支<sup>지</sup>가 皆<sup>개</sup>自<sup>자</sup>性<sup>성</sup>滅<sup>멸</sup>하야 畢<sup>필</sup>竟<sup>경</sup>解<sup>해</sup>脫<sup>탈</sup>하야 無<sup>무</sup>

有<sup>유</sup>少<sup>소</sup>法<sup>법</sup>相<sup>상</sup>生<sup>생</sup>하면 即<sup>즉</sup>時<sup>시</sup>에 得<sup>득</sup>無<sup>무</sup>相<sup>상</sup>解<sup>해</sup>脫<sup>탈</sup>門<sup>문</sup>現<sup>현</sup>在<sup>재</sup>

前<sup>전</sup>하나라

如<sup>여</sup>是<sup>시</sup>入<sup>입</sup>空<sup>공</sup>無<sup>무</sup>相<sup>상</sup>已<sup>이</sup>에 無<sup>무</sup>有<sup>유</sup>願<sup>원</sup>求<sup>구</sup>호대 唯<sup>유</sup>除<sup>제</sup>大<sup>대</sup>悲<sup>비</sup>爲<sup>위</sup>

首<sup>수</sup>하야 教<sup>교</sup>化<sup>화</sup>衆<sup>중</sup>生<sup>생</sup>하면 即<sup>즉</sup>時<sup>시</sup>에 得<sup>득</sup>無<sup>무</sup>願<sup>원</sup>解<sup>해</sup>脫<sup>탈</sup>門<sup>문</sup>現<sup>현</sup>

在<sup>재</sup>前<sup>전</sup>하나니라

양으로 모든 연기를 관찰하여 '나'가 없고 남이 없고 수명이 없으며 자성이 공하고 짓는 자가 없고 받는 자가 없음을 알면, 곧 공해탈문이 앞에 나타남을 얻는다.

모든 항목이 다 자성이 멸하여 필경에 해탈하고 조금의 법도 서로 생겨남이 없음을 관찰하면, 즉시에 무상해탈문이 앞에 나타남을 얻는다.

이와 같이 공과 무상에 들어가서는 원하여 구함이 없으나 오직 대비를 으뜸으로 삼아 중생을 교화하는 것을 제외하면, 즉시에 무원해탈문이 앞에 나타남을 얻는다.

보살이 이와 같이 세 해탈문을 닦아서 남과

菩薩이 如是修三解脫門하야 離彼我想하며 離

作者受者想하며 離有無想이니라

佛子야 此菩薩摩訶薩이 大悲轉增하야 精勤修
習하나니 爲未滿菩提分法을 令圓滿故니라

作是念호대 一切有爲가 有和合則轉하고 無和
合則不轉하며 緣集則轉하고 緣不集則不轉하나니라

我如是知有爲法이 多諸過患인댄 當斷此和合

'나'라는 생각을 여의고, 짓는 자와 받는 자라는 생각을 여의고, 있음과 없음이라는 생각을 여읜다.

불자여, 이 보살마하살은 대비가 더욱 증대하여 부지런히 닦아 익히니, 아직 원만하지 않은 보리 부문의 법을 원만케 하는 까닭이다.

이 생각을 하기를 '일체 유위법이 화합하면 생겨나고 화합하지 않으면 생겨나지 않으며, 연이 모이면 생겨나고 연이 모이지 않으면 생겨나지 않는다.

나는 이와 같이 유위법에 여러 허물이 많은

　　　　　　　인연　　　　연위성취중생고　　역불필경멸어제
　　　　　　　因緣이나　然爲成就衆生故로 亦不畢竟滅於諸

　　　　　　행
　　　　　　行이라하나니라

　　　　　　　불자　　보살　　여시관찰유위　　다제과환
　　　　　　　佛子야 菩薩이 如是觀察有爲가 多諸過患호대

　　　　　무유자성　　　　불생불멸　　　이항기대비　　　불
　　　　　無有自性하야 不生不滅하고 而恒起大悲하야 不

　　　　　　사중생　　　즉득반야바라밀현전　　　　명무장
　　　　　　捨衆生하야 卽得般若波羅蜜現前하나니 名無障

　　　　　애 지 광 명
　　　　　礙智光明이라

　　　　　성취여시지광명이　　　　　　수수습보리분인연
　　　　　成就如是智光明已하야는　雖修習菩提分因緣이나

　　　　　이부주유위중　　　수관유위법자성적멸
　　　　　而不住有爲中하며 雖觀有爲法自性寂滅이나

줄 알아서 마땅히 이 화합의 인연을 끊어야 하지만, 그러나 중생을 성취하기 위한 까닭으로 또한 끝까지 여러 행을 멸하지 않으리라.'고 한다.

불자여, 보살이 이와 같이 유위법에 여러 허물이 많되 자성이 없어서 나지도 않고 멸하지도 않음을 관찰하여 항상 대비를 일으켜 중생을 버리지 아니하여 곧 반야바라밀이 앞에 나타남을 얻으니 이름하여 장애가 없는 지혜의 광명이라고 한다.

이와 같은 지혜의 광명을 성취하고는 비록 보리 부문의 인연을 닦아 익히나 유위법 가운

역부주적멸중  이보리분법  미원만고
亦不住寂滅中하나니 以菩提分法을 未圓滿故니라

불자  보살  주차현전지  득입공삼매
佛子야 菩薩이 住此現前地하야 得入空三昧와

자성공삼매  제일의공삼매  제일공삼
自性空三昧와 第一義空三昧와 第一空三

매  대공삼매  합공삼매  기공삼매  여실
昧와 大空三昧와 合空三昧와 起空三昧와 如實

불분별공삼매  불사리공삼매  이불리공
不分別空三昧와 不捨離空三昧와 離不離空

삼매
三昧하나니라

차보살  득여시십공삼매문위수  백천공
此菩薩이 得如是十空三昧門爲首에 百千空

데 머무르지 아니하며, 비록 유위법의 자성이 적멸함을 관찰하나 또한 적멸 가운데 머무르지 아니하니, 보리 부문의 법이 아직 원만하지 않은 까닭이다.

 불자여, 보살이 이 현전지에 머물러서 공한 삼매와 자성이 공한 삼매와, 제일의 공한 삼매와, 제일의 공한 삼매와, 큰 공한 삼매와 화합이 공한 삼매와, 일어남이 공한 삼매와, 여실하게 분별하지 않음이 공한 삼매와, 버리고 여의지 않음이 공한 삼매와, 여읨과 여의지 않음이 공한 삼매에 들어가게 된다.

삼매　개실현전
三昧가 皆悉現前하니라

여시십무상십무원삼매문위수　백천무상
如是十無相十無願三昧門爲首에 百千無相

무원삼매문　개실현전
無願三昧門이 皆悉現前이니라


불자　보살　주차현전지　부갱수습만족불
佛子야 菩薩이 住此現前地에 復更修習滿足不

가괴심　결정심　순선심　심심심　불퇴전
可壞心과 決定心과 純善心과 甚深心과 不退轉

심　불휴식심　광대심　무변심　구지심
心과 不休息心과 廣大心과 無邊心과 求智心과

방편혜상응심　개실원만
方便慧相應心하야 皆悉圓滿하나니라

이 보살이 이와 같은 열 가지 공한 삼매문을 으뜸으로 삼아 백천 가지 공한 삼매가 모두 다 현전하게 된다.

이와 같이 열 가지 무상과 열 가지 무원 삼매문을 으뜸으로 삼아 백천 가지 무상과 무원 삼매문이 모두 다 현전한다.

불자여, 보살이 이 현전지에 머무름에 다시 또 파괴하지 못하는 마음과, 결정한 마음과, 순수하게 선한 마음과, 매우 깊은 마음과, 퇴전하지 않는 마음과, 쉬지 않는 마음과, 광대한 마음과, 가없는 마음과, 지혜를 구하는 마

佛子야 菩薩이 以此心으로 順佛菩提하야 不懼
異論하며 入諸智地하며 離二乘道하며 趣於佛
智하나니라

諸煩惱魔가 無能沮壞하며 住於菩薩智慧光
明하며 於空無相無願法中에 皆善修習하며 方
便智慧로 恒共相應하며 菩提分法을 常行不
捨니라

佛子야 菩薩이 住此現前地中하야 得般若波羅

음과, 방편 지혜와 상응하는 마음을 닦아 익혀 만족해서 모두 다 원만하다.

불자여, 보살이 이 마음으로 부처님의 보리를 따라서 다른 주장을 두려워하지 않으며, 모든 지혜의 지위에 들어가 이승의 길을 여의고 부처님 지혜에 나아간다.

모든 번뇌의 마군이 능히 저해하여 무너뜨리지 못하며, 보살의 지혜 광명에 머무르며, 공과 무상과 무원의 법 가운데서 모두 잘 닦아 익히며, 방편 지혜와 항상 함께 상응하고, 보리 부문의 법을 항상 행하고 버리지 아니한다.

밀행증상　　　득제삼명리순인　　　이어제법
蜜行增上하며 得第三明利順忍하나니 以於諸法

여실상　　수순무위고
如實相에 隨順無違故니라


불자　　보살　　주차현전지이　　이원력고
佛子야 菩薩이 住此現前地已에 以願力故로

득견다불　　　소위견다백불　　　내지견다
得見多佛하나니 所謂見多百佛하며 乃至見多

백천억나유타불
百千億那由他佛하나라


실이광대심심심　　　공양공경　　　존중찬
悉以廣大心深心으로 供養恭敬하고 尊重讚

탄　　의복음식　　와구탕약　　일체자생　　실
歎하야 衣服飲食과 臥具湯藥과 一切資生을 悉

불자여, 보살이 이 현전지에 머물러서 반야바라밀행이 증장함을 얻고 제3의 밝고 예리한 수순인을 얻으니, 모든 법의 여실한 모양에 수순하여 어김이 없기 때문이다.

불자여, 보살이 이 현전지에 머무르고는 서원의 힘으로 많은 부처님을 친견하게 되니, 이른바 많은 백 부처님을 친견하며, 내지 많은 백천억 나유타 부처님을 친견한다.

모두 광대한 마음과 깊은 마음으로 공양올리고 공경하고 존중하고 찬탄하며, 의복과 음식과 와구와 탕약과 일체 살림을 모두 받들어

이봉시
**以奉施**하니라

역이공양일체중승　　이차선근　　회향아
**亦以供養一切衆僧**하야 **以此善根**으로 **迴向阿**

녹다라삼먁삼보리　　어제불소　　공경청
**耨多羅三藐三菩提**하며 **於諸佛所**에 **恭敬聽**

법　　문이수지　　득여실삼매지혜광명
**法**하고 **聞已受持**하야 **得如實三昧智慧光明**하야

수순수행　　억지불사
**隨順修行**하야 **憶持不捨**하니라

우득제불심심법장　　경어백겁　　경어천
**又得諸佛甚深法藏**하야 **經於百劫**하며 **經於千**

겁　내지무량백천억나유타겁　　소유선근
**劫**과 **乃至無量百千億那由他劫**토록 **所有善根**이

전갱명정
**轉更明淨**하나니라

보시한다.

 또한 일체 대중 스님들에게 공양하며, 이 선근으로 아뇩다라삼먁삼보리에 회향하며, 모든 부처님 처소에서 공경히 법을 들으며, 듣고는 받아 지니어 여실한 삼매의 지혜 광명을 얻어서, 수순하여 수행하고 기억해 지니어 버리지 아니한다.

 또 모든 부처님의 매우 깊은 법장을 얻어서 백 겁을 지나며 천 겁과 내지 한량없는 백천억 나유타 겁을 지나 있는 바 선근이 점점 더 밝고 깨끗해진다.

 비유하면 진금을 비유리 보배로써 자주 자

비여진금　　이비유리보　　삭삭마영　　전갱명
譬如眞金이 以毗瑠璃寶로 數數磨瑩에 轉更明

정　　　　 차지보살　　소유선근　　역부여시
淨인달하야 此地菩薩의 所有善根도 亦復如是하야

이방편혜　　수축관찰　　전갱명정　　전부적
以方便慧로 隨逐觀察에 轉更明淨하고 轉復寂

멸　　무능영폐
滅하야 無能映蔽하니라

비여월광　　조중생신　　영득청량　　사종풍
譬如月光이 照衆生身에 令得淸涼하고 四種風

륜　　소불능괴　　 차지보살　　소유선근
輪의 所不能壞인달하야 此地菩薩의 所有善根도

역부여시　　능멸무량백천억나유타중생
亦復如是하야 能滅無量百千億那由他衆生의

번뇌치화　　사종마도　　소불능괴
煩惱熾火하고 四種魔道의 所不能壞니라

주 갈고 닦으면 더욱더 밝고 깨끗해지는 것과 같이, 이 지위의 보살에게 있는 바 선근도 또한 다시 이와 같아서 방편과 지혜로써 따르고 관찰하면 더욱더 밝고 깨끗해지며 더욱더 적멸하여서 가려버릴 수 없다.

비유하면 달빛이 중생의 몸을 비추어 청량하게 하여 네 가지 풍륜으로 무너뜨릴 수 없는 것과 같이, 이 지위의 보살에게 있는 바 선근도 또한 다시 이와 같아서 한량없는 백천억 나유타 중생들의 번뇌의 치성한 불을 능히 소멸하여 네 종류 마군의 도로 무너뜨릴 수 없는 바이다.

차보살 십바라밀중 반야바라밀 편다
此菩薩이 十波羅蜜中에 般若波羅蜜이 偏多하니

여비불수 단수력수분
餘非不修로대 但隨力隨分이니라

불자 시명약설보살마하살 제육현전
佛子야 是名略說菩薩摩訶薩의 第六現前

지
地니라


보살 주차지 다작선화천왕 소작자
菩薩이 住此地에 多作善化天王하야 所作自

재 일체성문 소유문난 무능퇴굴 능
在하야 一切聲聞의 所有問難이 無能退屈하며 能

령중생 제멸아만 심입연기 보시애
令衆生으로 除滅我慢하고 深入緣起하야 布施愛

이 보살이 십바라밀 중에 반야바라밀이 치우쳐 많다. 다른 것을 닦지 않는 것은 아니나 다만 힘을 따르고 분한을 따를 뿐이다.

불자여, 이것이 보살마하살의 제6 현전지를 간략히 설한 것이다.


보살이 이 지위에 머무름에 많이 선화천왕이 되어 짓는 것이 자재하며, 일체 성문의 있는 바 질문으로 굴복시킬 수 없으며, 중생들로 하여금 아만을 없애고 연기에 깊이 들어가게 하며 보시하고 사랑스러운 말을 하고 이익하게 하는 행을 하고 일을 같이 한다.

어이행동사
語利行同事하나니라

여시일체제소작업 개불리염불 내지불
如是一切諸所作業이 皆不離念佛하며 乃至不

리염구족일체종 일체지지
離念具足一切種과 一切智智니라

부작시념 아당어일체중생중 위수 위
復作是念호대 我當於一切衆生中에 爲首며 爲

승 내지위일체지지의지자
勝이며 乃至爲一切智智依止者라하나니라

차보살 약근행정진 어일념경 득
此菩薩이 若勤行精進하면 於一念頃에 得

백천억삼매 내지시현백천억보살 이위
百千億三昧하며 乃至示現百千億菩薩로 以爲

권속
眷屬이니라

이와 같은 일체 모든 짓는 바 업이 모두 부처님을 생각함을 여의지 아니하며, 내지 일체종과 일체지의 지혜 구족하기를 생각함을 여의지 아니한다.

다시 이 생각을 하기를 '내가 마땅히 일체 중생 가운데서 상수가 되고 수승한 이가 되고 내지 일체지의 지혜에 의지하는 자가 될 것이다.'라고 한다.

이 보살이 만약 부지런히 정진을 행하면 한 생각 사이에 백천억 삼매를 얻고, 내지 백천억 보살을 나타내 보여 권속으로 삼는다.

만약 원력으로 자재하게 나타내 보이면 이

약이원력       자재시현       과어차수       내지
若以願力으로 自在示現인댄 過於此數하야 乃至

백천억나유타겁       불능수지
百千億那由他劫에도 不能數知니라


이시       금강장보살       욕중선기의       이설송왈
爾時에 金剛藏菩薩이 欲重宣其義하사 而說頌曰


보살원만오지이       관법무상역무성
菩薩圓滿五地已에 觀法無相亦無性하며

무생무성본청정       무유희론무취사
無生無成本淸淨하며 無有戲論無取捨하며

수를 넘어서니, 내지 백천억 나유타 겁에도 능히 세어서 알 수 없다."


이때에 금강장 보살이 그 뜻을 거듭 펴려고 게송을 설하여 말씀하였다.



보살이 제5지를 원만히 하고
법이 모양 없고 또한 성품 없으며
생겨남 없고 이루어짐 없고 본래 청정하며
희론 없고 취하고 버림 없음을 관하도다.

체상적멸여환등
**體相寂滅如幻等**하며

유무불이이분별
**有無不二離分別**하고

수순법성여시관
**隨順法性如是觀**하야

차지득성입육지
**此智得成入六地**로다

명리순인지구족
**明利順忍智具足**하야

관찰세간생멸상
**觀察世間生滅相**하니

이치암력세간생
**以癡闇力世間生**이라

약멸치암세무유
**若滅癡闇世無有**로다

관제인연실의공
**觀諸因緣實義空**이나

불괴가명화합용
**不壞假名和合用**하며

무작무수무사념
**無作無受無思念**이나

제행여운변흥기
**諸行如雲徧興起**로다

체성과 형상이 적멸하여 환 등과 같고
있음과 없음이 둘이 아니고 분별을 여의며
법성을 수순해서 이와 같이 관하여
이 지혜로 제6지에 들어가게 되도다.

밝고 예리한 수순인과 지혜를 구족하여
세간의 생멸하는 모양을 관찰하니
어리석음의 어두운 힘으로 세간이 생겨
어리석음의 어두움을 없애면 세간은 없도다.

모든 인연 진실한 이치에서 공함을 관찰하며
거짓 이름 깨뜨리지 않고 화합하여 사용하니
지음도 없고 받음도 없고 생각도 없으나
모든 행이 구름처럼 두루 일어나도다.

부지진제명무명
**不知眞諦名無明**이요
소작사업우치과
**所作思業愚癡果**요

식기공생시명색
**識起共生是名色**이니
여시내지중고취
**如是乃至衆苦聚**로다

요달삼계의심유
**了達三界依心有**하며
십이인연역부연
**十二因緣亦復然**이라

생사개유심소작
**生死皆由心所作**이니
심약멸자생사진
**心若滅者生死盡**이로다

무명소작유이종
**無明所作有二種**하니
연중불료위행인
**緣中不了爲行因**이라

여시내지노종몰
**如是乃至老終歿**하야
종차고생무유진
**從此苦生無有盡**이로다

참 진리를 알지 못함을 무명이라 이름하고
지은 바 생각과 업은 어리석음의 과보이며
식이 일어나 함께 생겨난 것이 이름과 물질이니
이와 같이 내지 온갖 고통의 무더기로다.

삼계가 마음에 의지하여 있음을 요달하니
십이인연 또한 그러함이라
생사 모두 마음으로 짓는 것이니
마음이 만약 멸하면 생사도 다하도다.

무명이 짓는 것이 두 가지 있으니
반연 중에 요달하지 못하고 행의 원인이 되어
이와 같이 내지 늙고 끝내 죽어서
이로부터 고통이 생겨나 다함이 없도다.

무명위연불가단 　 피연약진실개멸
**無明爲緣不可斷**이어니와 **彼緣若盡悉皆滅**이라

우치애취번뇌지 　 행유시업여개고
**愚癡愛取煩惱支**요 **行有是業餘皆苦**로다

치지육처시행고 　 촉수증장시고고
**癡至六處是行苦**요 **觸受增長是苦苦**요

소여유지시괴고 　 약견무아삼고멸
**所餘有支是壞苦**니 **若見無我三苦滅**이로다

무명여행위과거 　 식지어수현재전
**無明與行爲過去**요 **識至於受現在轉**이요

애취유생미래고 　 관대약단변제진
**愛取有生未來苦**니 **觀待若斷邊際盡**이로다

무명이 연이 되어 끊지 못하나
그 연이 만약 다하면 모두 다 없어짐이라
어리석음과 갈애와 취착이 번뇌의 항목이고
행과 존재는 업이고 나머지는 모두 고통이로다.

어리석음에서 여섯 기관까지는 행고이고
감촉과 느낌의 증장이 고고이며
나머지 항목은 괴고이니
만약 무아임을 본다면 세 고통이 멸하도다.

무명과 행은 과거가 되고
식에서 느낌까지는 현재에 유전하며
갈애와 취착과 존재는 미래의 고통을 내니
관하여 상대함이 만약 끊어지면 끝이 다하도다.

무명위연시생박
**無明爲緣是生縛**이라
어연득리박내진
**於緣得離縛乃盡**이며

종인생과이즉단
**從因生果離則斷**이니
관찰어차지성공
**觀察於此知性空**이로다

수순무명기제유
**隨順無明起諸有**요
약불수순제유단
**若不隨順諸有斷**이며

차유피유무역연
**此有彼有無亦然**이라
십종사유심리착
**十種思惟心離著**이니

유지상속일심섭
**有支相續一心攝**과
자업불리급삼도
**自業不離及三道**와

삼제삼고인연생
**三際三苦因緣生**과
계박기멸순무진
**繫縛起滅順無盡**이로다

무명이 연이 되어 속박이 생기니
연을 여의면 속박이 이에 다하며
인에서 과가 생기므로 여의면 곧 끊어지니
이를 관찰하여 성품이 공함을 알도다.

무명에 수순하면 모든 항목이 일어나고
만약 수순하지 않으면 모든 항목이 끊어지며
이 항목과 저 항목의 없음도 또한 그러하니
열 가지 사유로 마음이 집착을 여의도다.

항목이 서로 이어짐과 한 마음에 포섭됨과
자신의 업과 여의지 않음과 그리고 세 길과
세 때와 세 고통과 인연으로 생겨남과
속박이 일어나고 멸함과 없음과 다함에 수순함이로다.

여시보관연기행　　　　　무작무수무진실
**如是普觀緣起行**의　　**無作無受無眞實**이

여환여몽여광영　　　　　역여우부축양염
**如幻如夢如光影**하며　　**亦如愚夫逐陽燄**이로다

여시관찰입어공　　　　　지연성리득무상
**如是觀察入於空**하며　　**知緣性離得無相**하며

요기허망무소원　　　　　유제자민위중생
**了其虛妄無所願**호대　　**唯除慈愍爲衆生**이로다

대사수행해탈문　　　　　전익대비구불법
**大士修行解脫門**하야　　**轉益大悲求佛法**하며

지제유위화합작　　　　　지락결정근행도
**知諸有爲和合作**하야　　**志樂決定勤行道**로다

이와 같이 연기의 행을 널리 관찰하니
지음도 없고 받음도 없고 진실도 없음이
환과 같고 꿈과 같고 그림자와 같고
또한 어리석은 범부가 아지랑이를 좇는 것과 같도다.

이와 같이 관찰하여 공에 들어가고
인연의 성품 여읨을 알아 무상을 얻으며
그 허망함을 요달하여 원하는 바가 없되
오직 자비로 중생을 위함은 제외하도다.

큰보살이 해탈문을 수행하여
대비심을 더욱 더하여 불법을 구하며
모든 유위가 화합하여 지어짐을 알아서
즐거워함이 결정하여 부지런히 도를 행하도다.

공삼매문구백천　　　　　무상무원역부연
**空三昧門具百千**하니　**無相無願亦復然**이라

반야순인개증상　　　　　해탈지혜득성만
**般若順忍皆增上**하야　**解脫智慧得成滿**이로다

부이심심다공불　　　　　어불교중수습도
**復以深心多供佛**하고　**於佛敎中修習道**하야

득불법장증선근　　　　　여금유리소마영
**得佛法藏增善根**하니　**如金瑠璃所磨瑩**이로다

여월청량피중물　　　　　사풍래촉무능괴
**如月淸涼被衆物**에　**四風來觸無能壞**인달하야

차지보살초마도　　　　　역식군생번뇌열
**此地菩薩超魔道**하야　**亦息群生煩惱熱**이로다

공 삼매문을 백천 갖추고
무상과 무원 또한 다시 그러하며
반야와 수순인이 모두 늘어나
해탈과 지혜가 만족해지도다.


다시 깊은 마음으로 부처님께 많이 공양올리고
부처님 가르침에서 도를 닦아 익히어
부처님 법장을 얻어 선근을 늘리니
금을 유리로 갈고 다듬는 것과 같도다.


달이 청량하게 온갖 사물을 덮어
네 가지 바람이 와 닿아도 깨뜨릴 수 없듯이
이 지위의 보살은 마군의 도를 초월하여
또한 중생들의 번뇌의 열기를 쉬게 하도다.

차지다작선화왕　　　화도중생제아만
**此地多作善化王**하야　**化導眾生除我慢**하니

소작개구일체지　　　실이초승성문도
**所作皆求一切智**라　**悉已超勝聲聞道**로다

차지보살근정진　　　획제삼매백천억
**此地菩薩勤精進**하야　**獲諸三昧百千億**하며

역견약간무량불　　　비여성하공중일
**亦見若干無量佛**하니　**譬如盛夏空中日**이로다

심심미묘난견지　　　성문독각무능료
**甚深微妙難見知**라　**聲聞獨覺無能了**니

여시보살제육지　　　아위불자이선설
**如是菩薩第六地**를　**我爲佛子已宣說**이로다

이 지위에서 많이 선화왕이 되어서
중생을 교화하고 이끌어 아만을 없애고
짓는 것이 모두 일체지를 구함이라
다 이미 성문의 길을 뛰어넘어 수승하도다.

이 지위의 보살이 부지런히 정진하여
백천억 모든 삼매를 얻으며
또한 약간 한량없는 부처님을 친견하니
마치 한여름 공중의 해와 같도다.

매우 깊고 미묘하여 보고 알기 어려워
성문과 독각은 요달할 수 없으니
이와 같은 보살의 제6지를
내가 불자를 위하여 설하여 마쳤도다.

## 제칠지
## 第七地

시시천중심환희
**是時天衆心歡喜**하야
산보성운재공주
**散寶成雲在空住**하고

보발종종묘음성
**普發種種妙音聲**하야
고어최승청정자
**告於最勝淸淨者**호대

요달승의지자재
**了達勝義智自在**하고
성취공덕백천억
**成就功德百千億**하니

인중연화무소착
**人中蓮華無所著**하사
위리군생연심행
**爲利群生演深行**이로다

# 제7지

이때에 하늘 대중들의 마음이 환희하여
보배를 흩어서 구름을 이루어 공중에 머무르며
갖가지 미묘한 음성을 두루 내어서
가장 수승하고 청정한 자에게 알렸다.

"수승한 이치를 요달하여 지혜가 자재하고
백천억 공덕을 성취하고
사람 중의 연꽃으로 집착이 없어
중생을 이롭게 하기 위해 깊은 행을 연설하도다."

자재천왕재공중
**自在天王在空中**하야
방대광명조불신
**放大光明照佛身**하고

역산최상묘향운
**亦散最上妙香雲**하야
보공제우번뇌자
**普供除憂煩惱者**로다

이시천중개환희
**爾時天衆皆歡喜**하야
실발미음동찬술
**悉發美音同讚述**호대

아등문사지공덕
**我等聞斯地功德**하니
즉위이획대선리
**則爲已獲大善利**로다

천녀시시심경열
**天女是時心慶悅**하야
경주악음천만종
**競奏樂音千萬種**하니

실이여래신력고
**悉以如來神力故**로
음중공작여시언
**音中共作如是言**호대

자재천왕은 허공에 있으면서
큰 광명을 놓아 부처님의 몸을 비추고
또한 최상의 미묘한 향기구름을 흩어서
근심 번뇌 없앤 자에게 널리 공양하였다.

이때에 하늘 대중이 모두 환희하여
다 아름다운 음성을 내어 함께 찬탄하였다.
"우리들이 이 지위의 공덕을 듣고
크고 훌륭한 이익을 얻었습니다."

천녀들도 그때에 마음이 기뻐서
천만 가지 음악을 연주하니
모두 여래의 위신력인 까닭으로
음악 중에 이런 말을 함께 지었다.

위의적정최무비
**威儀寂靜最無比**하사
능조난조세응공
**能調難調世應供**이

이초일체제세간
**已超一切諸世間**하사대
이행어세천묘도
**而行於世闡妙道**로다

수현종종무량신
**雖現種種無量身**이나
지신일일무소유
**知身一一無所有**하시며

교이언사설제법
**巧以言辭說諸法**하사대
불취문자음성상
**不取文字音聲相**이로다

왕예백천제국토
**往詣百千諸國土**하야
이제상공공양불
**以諸上供供養佛**하사대

지혜자재무소착
**智慧自在無所著**하사
불생어아불국상
**不生於我佛國想**이로다

"위의가 적정하여 최고여서 비길 데 없고
조복하기 어려운 이를 능히 조복하여 세상 공양받을 이
일체 모든 세간을 이미 초월했으나
세상에 다니며 미묘한 도를 밝히도다.

비록 갖가지 한량없는 몸을 나타내지만
몸 하나하나가 있는 바 없음을 알고
교묘하게 말로써 모든 법을 연설하되
문자와 음성의 모양에 취착하지 않도다.

백천 여러 국토에 나아가
여러 좋은 공양을 부처님께 공양올리되
지혜가 자재하고 집착하는 바가 없어
내 부처님과 국토라는 생각을 내지 않도다.

수근교화제중생　　　이무피기일체심
**雖勤敎化諸衆生**이나　**而無彼己一切心**하며

수이수성광대선　　　이어선법불생착
**雖已修成廣大善**이나　**而於善法不生著**이로다

이견일체제세간　　　탐에치화상치연
**以見一切諸世間**에　**貪恚癡火常熾然**하고

어제상념실개리　　　발기대비정진력
**於諸想念悉皆離**하야　**發起大悲精進力**이로다

일체제천급천녀　　　종종공양칭찬이
**一切諸天及天女**가　**種種供養稱讚已**하고

실공동시묵연주　　　첨앙인존원문법
**悉共同時黙然住**하야　**瞻仰人尊願聞法**이로다

비록 모든 중생들을 부지런히 교화하여도
남이니 '나'니 하는 일체 마음이 없으며
비록 광대한 선을 이미 닦아 이루었으나
선한 법에 집착을 내지 않도다.

일체 모든 세간을 보니
탐욕과 성냄과 어리석음의 불이 항상 치성하거늘
모든 생각을 모두 다 여의고
대비로 정진하는 힘을 일으키도다."

일체 모든 천인들과 천녀들이
갖가지로 공양하며 칭찬하고는
다 함께 동시에 묵묵히 머물면서
존귀한 분 우러르며 법문 듣기를 원하였다.

시해탈월부청언　　　　차제대중심청정
**時解脫月復請言**호대　　**此諸大衆心淸淨**하니

제칠지중제행상　　　　유원불자위선설
**第七地中諸行相**을　　**唯願佛子爲宣說**소서

이시　　금강장보살　　고해탈월보살언
**爾時**에 **金剛藏菩薩**이 **告解脫月菩薩言**하사대

불자　보살마하살　　구족제육지행이　　욕입제
**佛子**야 **菩薩摩訶薩**이 **具足第六地行已**에 **欲入第**

칠원행지　　당수십종방편혜　　　기수승도
**七遠行地**인댄 **當修十種方便慧**하야 **起殊勝道**니라

하등　위십
**何等**이 **爲十**고

이때에 해탈월 보살이 다시 청하여 말하였다.
"이 모든 대중들의 마음이 청정하니
제7지의 모든 행상을
오직 바라오니, 불자시여 말씀하소서."


그때에 금강장 보살이 해탈월 보살에게 말씀하였다.

"불자여, 보살마하살이 제6지의 수행을 구족하고 나서 제7 원행지에 들어가려면 마땅히 열 가지 방편 지혜를 닦아서 수승한 도를 일으켜야 한다.

무엇이 열인가?

所謂雖善修空無相無願三昧나 而慈悲不捨

衆生하며 雖得諸佛平等法이나 而樂常供養

佛하나라

雖入觀空智門이나 而勤集福德하며 雖遠離三

界나 而莊嚴三界하나라

雖畢竟寂滅諸煩惱燄이나 而能爲一切衆生하야

起滅貪瞋癡煩惱燄하나라

雖知諸法이 如幻如夢하고 如影如響하고 如燄

이른바 비록 공·무상·무원 삼매를 잘 닦았지만, 자비로 중생을 버리지 아니한다. 비록 모든 부처님의 평등한 법을 얻었지만, 항상 부처님께 공양올리기를 즐겨한다.

비록 공함을 관찰하는 지혜의 문에 들었지만, 복덕을 부지런히 모은다. 비록 삼계를 멀리 떠났지만, 삼계를 장엄한다.

비록 모든 번뇌의 불꽃을 끝까지 없앴지만, 능히 일체 중생을 위하여 소멸한 탐욕과 성냄과 어리석음의 번뇌의 불꽃을 일으킨다.

비록 모든 법이 환 같고 꿈 같고 그림자 같고 메아리 같고 불꽃 같고 화현 같고 물속의 달

여화  여수중월   여경중상   자성무이
如化하고 如水中月하고 如鏡中像하야 自性無二나

이수심작업   무량차별
而隨心作業이 無量差別하니라

수지일체국토   유여허공   이능이청정묘
雖知一切國土가 猶如虛空이나 而能以淸淨妙

행   장엄불토   수지제불법신   본성무
行으로 莊嚴佛土하며 雖知諸佛法身이 本性無

신   이이상호   장엄기신
身이나 而以相好로 莊嚴其身하니라

수지제불음성   성공적멸   불가언설
雖知諸佛音聲이 性空寂滅하야 不可言說이나

이능수일체중생   출종종차별청정음성
而能隨一切衆生하야 出種種差別淸淨音聲하니라

수수제불   요지삼세   유시일념   이수
雖隨諸佛하야 了知三世가 唯是一念이나 而隨

같고 거울 속의 영상 같아서 자성이 둘이 없음을 알지만, 마음을 따라 한량없이 차별하게 업을 짓는다.

비록 일체 국토가 마치 허공과 같음을 알지만, 능히 청정하고 미묘한 행으로 부처님의 국토를 장엄한다. 비록 모든 부처님의 법신은 본성품이 몸이 없음을 알지만, 상호로 그 몸을 장엄한다.

비록 모든 부처님의 음성은 성품이 공하고 적멸하여 말할 수 없음을 알지만, 능히 일체 중생을 따라서 갖가지 차별하고 청정한 음성을 낸다.

衆生의 意解分別하야 以種種相과 種種時와 種

種劫數로 而修諸行이니라

菩薩이 以如是十種方便慧로 起殊勝行하야 從

第六地로 入第七地하나니 入已에 此行이 常現在

前이 名爲住第七遠行地니라


佛子야 菩薩摩訶薩이 住此第七地已에 入無量

비록 모든 부처님을 따라서 삼세가 오직 한 생각임을 알지만, 중생들의 뜻으로 이해하고 분별함을 따라서 갖가지 모양과 갖가지 때와 갖가지 겁의 수효로써 모든 행을 닦는다.

보살이 이와 같은 열 가지 방편 지혜로 수승한 행을 일으켜서 제6지로부터 제7지에 들어간다. 들어가서는 이 행이 항상 앞에 나타남을 이름하여 제7 원행지에 머무른다고 한다.


불자여, 보살마하살이 이 제7지에 머무르고는 한량없는 중생계에 들어가며, 한량없는 모

衆生界하고 入無量諸佛敎化衆生業하며 入無量世界網하고 入無量諸佛淸淨國土하며 入無量種種差別法하나라

入無量諸佛現覺智하며 入無量劫數하고 入無量諸佛覺了三世智하며 入無量衆生差別信解하고 入無量諸佛示現種種名色身하나라

入無量衆生欲樂諸根差別하고 入無量諸佛語言音聲하야 令衆生歡喜하며 入無量衆生種種

든 부처님의 중생을 교화하시는 업에 들어가며, 한량없는 세계 그물에 들어가며, 한량없는 모든 부처님의 청정한 국토에 들어가며, 한량없는 갖가지 차별한 법에 들어간다.

한량없는 모든 부처님의 깨달음을 나타내시는 지혜에 들어가며, 한량없는 겁의 수효에 들어가며, 한량없는 모든 부처님의 삼세를 깨달으시는 지혜에 들어가며, 한량없는 중생들의 차별한 믿음과 이해에 들어가며, 한량없는 모든 부처님의 갖가지 이름을 나타내 보이시는 색신에 들어간다.

한량없는 중생들의 욕락과 모든 근기의 차별

心行하고 入無量諸佛了知廣大智하며 入無量

聲聞乘信解하나라

入無量諸佛의 說智道하야 令信解하며 入無量辟

支佛所成就하고 入無量諸佛의 說甚深智慧

門하야 令趣入하며 入無量諸菩薩方便行하고 入

無量諸佛所說大乘集成事하야 令菩薩得入이니라

此菩薩이 作是念하되 如是無量如來境界는 乃

至於百千億那由他劫에도 不能得知일새 我悉

에 들어가며, 한량없는 모든 부처님의 말씀과 음성으로 중생을 환희케 하시는 데 들어가며, 한량없는 중생들의 갖가지 심행에 들어가며, 한량없는 모든 부처님의 분명하게 아시는 광대한 지혜에 들어가며, 한량없는 성문승의 믿음과 이해에 들어간다.

한량없는 모든 부처님의 지혜의 도를 설하여 믿고 이해하게 하시는 데 들어가며, 한량없는 벽지불의 성취한 바에 들어가며, 한량없는 모든 부처님의 매우 깊은 지혜문을 설하여 나아가게 하시는 데 들어가며, 한량없는 모든 보살들의 방편행에 들어가며, 한량없는 모든 부처

응이무공용무분별심 　　성취원만
應以無功用無分別心으로 成就圓滿이라하나니라


불자　차보살　이심지혜　여시관찰　　상
佛子야 此菩薩이 以深智慧로 如是觀察호대 常

근수습방편혜　　기수승도　　안주부동
勤修習方便慧하고 起殊勝道하야 安住不動하야

무유일념　휴식폐사　　행주좌와　내지수
無有一念도 休息廢捨하며 行住坐臥로 乃至睡

몽　미증잠여개장상응　　상불사어여시상
夢히 未曾暫與蓋障相應하고 常不捨於如是想

념
念이니라

님의 설하신 대승을 집대성하시는 일에 들어가서 보살로 하여금 들어가게 한다.

이 보살이 이 생각을 하기를 '이와 같은 한량없는 여래의 경계는 내지 백천억 나유타 겁에도 알 수 없으니, 내가 모두 마땅히 공용이 없고 분별이 없는 마음으로 원만하게 성취하리라.'라고 한다.

불자여, 이 보살이 깊은 지혜로 이와 같이 관찰하되, 항상 부지런히 방편 지혜를 닦고, 수승한 도를 일으켜 편안히 머물러 흔들리지 않고, 한 생각도 쉬거나 폐하여 버림이 없다. 가고 서고 앉고 눕거나 내지 꿈에서라도 일찍

차보살　어염념중　　상능구족십바라밀
此菩薩이 於念念中에 常能具足十波羅蜜하나니

하이고　염념개이대비위수　　수행불법
何以故오 念念皆以大悲爲首하야 修行佛法하야

향불지고
向佛智故니라

소유선근　　위구불지　　시여중생　　시명
所有善根으로 爲求佛智하야 施與衆生이 是名

단나바라밀　　　능멸일체제번뇌열　　시명시
檀那波羅蜜이요 能滅一切諸煩惱熱이 是名尸

라바라밀
羅波羅蜜이요

자비위수　　불손중생　　시명찬제바라밀
慈悲爲首하야 不損衆生이 是名羼提波羅蜜이요

구승선법　　무유염족　　시명비리야바라
求勝善法호대 無有厭足이 是名毘梨耶波羅

이 잠시도 번뇌의 장애와 더불어 서로 응하지 않고, 항상 이와 같은 생각을 버리지 않는다.

이 보살은 생각생각에 항상 능히 십바라밀을 구족한다. 무슨 까닭인가? 생각생각에 다 대비로 으뜸을 삼아 부처님 법을 수행하여 부처님의 지혜에 향하는 까닭이다.

있는 바 선근을 부처님의 지혜를 구하기 위하여 중생들에게 베푸는 것이 단나바라밀이고, 일체 모든 번뇌의 열을 능히 없애는 것이 시라바라밀이다.

밀
蜜이요

일체지도　　상현재전　　미상산란　　시명선
一切智道가 常現在前하야 未嘗散亂이 是名禪

나바라밀　　능인제법무생무멸　　시명반야
那波羅蜜이요 能忍諸法無生無滅이 是名般若

바라밀
波羅蜜이요

능출생무량지　　시명방편바라밀　　능구상
能出生無量智가 是名方便波羅蜜이요 能求上

상승지　　시명원바라밀
上勝智가 是名願波羅蜜이요

일체이론　　급제마중　　무능저괴　　시명역바
一切異論과 及諸魔衆이 無能沮壞가 是名力波

라밀　　여실요지일체법　　시명지바라밀
羅蜜이요 如實了知一切法이 是名智波羅蜜이니라

자비로 으뜸을 삼아 중생을 해롭게 하지 않는 것이 찬제바라밀이고, 수승하고 선한 법을 구하되 만족해 싫어함이 없는 것이 비리야바라밀이다.

일체지의 길이 항상 앞에 나타나서 일찍이 산란하지 않는 것이 선나바라밀이고, 모든 법이 생겨남도 없고 멸함도 없음을 능히 아는 것이 반야바라밀이다.

한량없는 지혜를 능히 내는 것이 방편바라밀이고, 높고 높은 수승한 지혜를 능히 구하는 것이 원바라밀이다.

일체 다른 주장과 모든 마군의 무리가 능히

불자 차십바라밀 보살 어염념중 개득
**佛子**야 **此十波羅蜜**을 **菩薩**이 **於念念中**에 **皆得**

구족
**具足**하니라

여시사섭  사지  삼십칠품  삼해탈문  약
**如是四攝**과 **四持**와 **三十七品**과 **三解脫門**과 **略**

설내지일체보리분법  어염념중  개실원
**說乃至一切菩提分法**을 **於念念中**에 **皆悉圓**

만
**滿**이니라

이시 해탈월보살 문금강장보살언
**爾時**에 **解脫月菩薩**이 **問金剛藏菩薩言**하니라

막아 파괴할 수 없는 것이 역바라밀이고, 일체 법을 사실대로 밝게 아는 것이 지바라밀이다.

불자여, 이 십바라밀을 보살이 생각생각에 모두 구족한다.

이와 같이 사섭법과 사총지와 삼십칠품과 삼해탈문과 간략히 설하여 내지 일체 보리 부문의 법을 생각생각에 모두 다 원만히 한다."


이때에 해탈월 보살이 금강장 보살에게 물었다.

佛子야 菩薩이 但於此第七地中에 滿足一切菩提分法가 爲諸地中에도 亦能滿足이니잇가

金剛藏菩薩이 言하시니라

佛子야 菩薩이 於十地中에 皆能滿足菩提分法이나 然이나 第七地가 最爲殊勝이니라

何以故오

此第七地功用行滿하야사 得入智慧自在行故니라

佛子야 菩薩이 於初地中에 緣一切佛法願求故로

"불자여, 보살이 다만 이 제7지에서 일체 보리 부문의 법을 만족합니까? 모든 지위에서도 또한 능히 만족합니까?"

금강장 보살이 말씀하였다.

"불자여, 보살이 십지 중에서 모두 능히 보리 부문의 법을 만족하지만, 그러나 제7지에서 가장 수승하다.

무슨 까닭인가?

이 제7지의 공용의 행이 원만하여야 지혜가 자재한 행에 들어가게 되는 까닭이다.

불자여, 보살이 초지에서는 일체 부처님 법을 반연하여 원하고 구하는 까닭으로 보리 부

만족보리분법
滿足菩提分法하나니라

제이지  이심구고  제삼지  원전증장
第二地에 離心垢故며 第三地에 願轉增長하야

득법광명고  제사지  입도고  제오지  순
得法光明故며 第四地에 入道故며 第五地에 順

세소작고  제육지  입심심법문고  제칠
世所作故며 第六地에 入甚深法門故며 第七

지  기일체불법고  개역만족보리분법
地에 起一切佛法故로 皆亦滿足菩提分法이니라

하이고
何以故오

보살  종초지  내지제칠지  성취지공
菩薩이 從初地로 乃至第七地하야사 成就智功

용분  이차력고  종제팔지  내지제십지
用分이니 以此力故로 從第八地로 乃至第十地히

문의 법을 만족한다.

 제2지에서는 마음의 때를 여의는 까닭이며, 제3지에서는 원이 더욱 증장하여 법의 광명을 얻는 까닭이며, 제4지에서는 도에 들어가는 까닭이며, 제5지에서는 세간에 수순하여 짓는 바인 까닭이며, 제6지에서는 매우 깊은 법문에 들어가는 까닭이며, 제7지에서는 일체 부처님 법을 일으키는 까닭으로 모두 또한 보리부문의 법을 만족한다.

 무슨 까닭인가?

 보살이 초지로부터 이에 제7지에 이르러야 지혜 공용의 부문을 성취하니, 이 힘으로써

무공용행 개실성취
**無功用行**을 **皆悉成就**니라

불자 비여유이세계 일처 잡염 일처
**佛子**야 **譬如有二世界**호대 **一處**는 **雜染**이며 **一處**는

순정 시이중간 난가득과 유제보살
**純淨**이라 **是二中間**을 **難可得過**니 **唯除菩薩**의

유대방편신통원력
**有大方便神通願力**인달하야

불자 보살제지 역부여시 유잡염행
**佛子**야 **菩薩諸地**도 **亦復如是**하야 **有雜染行**하며

유청정행 시이중간 난가득과 유제보
**有淸淨行**이라 **是二中間**을 **難可得過**니 **唯除菩**

살 유대원력방편지혜 내능득과
**薩**의 **有大願力方便智慧**하야 **乃能得過**니라

제8지로부터 내지 제10지에서 공용 없는 행을 모두 다 성취한다.

 불자여, 비유하면 두 세계가 있는데 한 곳은 잡되고 물들었고 한 곳은 순전히 청정하니 이 두 세계 중간을 지나가기 어려우나, 오직 보살의 큰 방편과 신통과 서원의 힘이 있는 이는 제외하는 것과 같다.

 불자여, 보살의 모든 지위도 또한 다시 이와 같아서 잡되고 물든 행이 있고 청정한 행이 있으니 이 둘의 중간을 지나가기 어려우나, 오직 보살의 큰 서원의 힘과 방편 지혜가 있어서 이에 능히 지나갈 수 있는 이는 제외한다."

解脫月菩薩이 言하사대 佛子야 此七地菩薩이 爲

是染行가 爲是淨行이니잇가

金剛藏菩薩이 言하시니라

佛子야 從初地로 至七地히 所行諸行이 皆捨離

煩惱業이니 以迴向無上菩提故며 分得平等道

故라 然이나 未名爲超煩惱行이니라

佛子야 譬如轉輪聖王이 乘天象寶하고 遊四天

下에 知有貧窮困苦之人하야 而不爲彼衆患所

해탈월 보살이 말씀하였다. "불자여, 이 제7지 보살이 물든 행입니까, 청정한 행입니까?"

금강장 보살이 말씀하였다.

"불자여, 초지로부터 제7지에 이르기까지 행하는 바 모든 행이 다 번뇌의 업을 버리고 여의었다. 위없는 보리에 회향한 까닭이며, 평등한 도를 일부 얻었기 때문이다. 그러나 번뇌를 뛰어넘은 행이라고는 이름하지 않는다.

불자여, 비유하면 전륜성왕이 하늘의 코끼리 보배를 타고 사천하를 다님에 빈궁하고 곤란한 사람이 있는 줄 알면서도 그 온갖 근심에 물들지 않는다. 그러나 인간의 지위를 뛰어넘

染이나 然이나 未名爲超過人位어니와

若捨王身하고 生於梵世하야 乘天宮殿하야 見千世界하며 遊千世界하야 示現梵天의 光明威德하면

爾乃名爲超過人位인달하니라

佛子야 菩薩도 亦復如是하야 始從初地로 至於七地히 乘波羅蜜乘하고 遊行世間에 知諸世間

煩惱過患하야 以乘正道故로 不爲煩惱過失所

染이나 然이나 未名爲超煩惱行이어니와

었다고는 이름하지 않는 것과 같다.

만약 왕의 몸을 버리고 범천의 세계에 태어나서 하늘 궁전을 타고 일천 세계를 보고 일천 세계를 다니며 범천의 광명과 위덕을 나타내 보이면 이에 인간의 지위를 뛰어넘었다고 이름한다.

불자여, 보살도 또한 다시 이와 같아서 처음 초지로부터 제7지에 이르기까지 바라밀 수레를 타고 세간에 유행함에 모든 세간의 번뇌와 근심 걱정을 알면서도 바른 길에 올라 탄 까닭으로 번뇌의 허물에 물들지는 않지만, 그러나 번뇌를 뛰어넘은 행이라고는 이름하지 않는다.

若捨一切有功用行하고 從第七地로 入第八地하야 乘菩薩淸淨乘하고 遊行世間에 知煩惱過失하야 不爲所染하면 爾乃名爲超煩惱行이니

以得一切盡超過故니라

佛子야 此第七地菩薩이 盡超過多貪等諸煩惱衆하고 住此地에 不名有煩惱者며 不名無煩惱者니라

何以故오 一切煩惱가 不現行故로 不名有者며

만약 일체 공용이 있는 행을 버리고 제7지로부터 제8지에 들어가서 보살의 청정한 수레를 타고 세간에 유행함에 번뇌의 허물을 알아서 물들지 않으면 이에 번뇌를 뛰어넘은 행이라고 이름하니 일체 모든 뛰어넘음을 얻은 까닭이다.

불자여, 이 제7지 보살이 많은 탐욕 등 모든 번뇌들을 다 뛰어넘어 이 지위에 머무르면 번뇌가 있는 자라고도 이름하지 않으며 번뇌가 없는 자라고도 이름하지 않는다.

무슨 까닭인가? 일체 번뇌가 현행하지 않는 까닭으로 있는 자라고 이름하지 않고, 여래의

구여래지심 미만고 불명무자
求如來智心이 未滿故로 不名無者니라

불자 보살 주차제칠지 이심정심 성
佛子야 菩薩이 住此第七地에 以深淨心으로 成

취신업 성취어업 성취의업 소유일
就身業하며 成就語業하며 成就意業하야 所有一

체불선업도 여래소가 개이사리 일체
切不善業道의 如來所訶를 皆已捨離하고 一切

선업 여래소찬 상선수행 세간소유경
善業의 如來所讚을 常善修行하며 世間所有經

서기술 여오지중설 개자연이행 불
書技術을 如五地中說하야 皆自然而行이요 不

가공용
假功用이니라

지혜를 구하는 마음이 아직 만족하지 않는 까닭으로 없는 자라고도 이름하지 않는다.

불자여, 보살이 이 제7지에 머물러서 깊고 깨끗한 마음으로 몸의 업을 성취하고, 말의 업을 성취하고, 뜻의 업을 성취하여 일체 선하지 못한 업의 길로서 여래께서 꾸짖으신 것은 모두 여의었고, 일체 선한 업으로서 여래께서 칭찬하신 것은 항상 잘 닦아 수행하며, 세간에 있는 경전이나 기술을 제5지에서 설한 것처럼 모두 자연스럽게 행하고 공용을 빌리지 않는다.

차보살　　어삼천대천세계중　　위대명사
此菩薩이 於三千大千世界中에 爲大明師하나니

유제여래　　급팔지이상　　기여보살　　심심
唯除如來와 及八地已上하고 其餘菩薩은 深心

묘행　무여등자
妙行이 無與等者니라

제선삼매　　삼마발저　　신통해탈　　개득현
諸禪三昧와 三摩鉢底와 神通解脫이 皆得現

전　　연시수성　　비여팔지　　보득성취
前이나 然是修成이라 非如八地에 報得成就니라

차지보살　　어염념중　　구족수집방편지력
此地菩薩이 於念念中에 具足修集方便智力과

급일체보리분법　　전승원만
及一切菩提分法하야 轉勝圓滿이니라

이 보살이 삼천대천세계에서 크고 밝은 스승이 되니, 오직 여래와 제8지 이상을 제외하고 그 나머지 보살은 깊은 마음과 미묘한 행이 더불어 같을 이가 없다.

모든 선정 삼매와 삼마발저와 신통과 해탈이 모두 앞에 나타나지만 그러나 이것은 닦아서 이루어진 것이고, 제8지와 같은 과보로 성취한 것이 아니다.

이 지위의 보살이 생각생각마다 방편 지혜의 힘과 일체 보리 부문의 법을 구족하게 닦아 모아 더욱 수승하고 원만하게 된다.

佛子야 菩薩이 住此地에 入菩薩의 善觀擇三昧와 善擇義三昧와 最勝慧三昧와 分別義藏三昧와 如實分別義三昧와 善住堅固根三昧와 智慧神通門三昧와 法界業三昧와 如來勝利三昧와 種種義藏生死涅槃門三昧하나니라

入如是等具足大智神通門百萬三昧하야 淨治此地니라

是菩薩이 得此三昧하야 善治淨方便慧故며 大

불자여, 보살이 이 지위에 머무름에 보살의 잘 관찰하여 택하는 삼매와, 이치를 잘 택하는 삼매와, 가장 수승한 지혜의 삼매와, 이치의 창고를 분별하는 삼매와, 사실대로 뜻을 분별하는 삼매와, 견고한 뿌리에 잘 머무르는 삼매와, 지혜 신통 부문의 삼매와, 법계의 업의 삼매와, 여래의 수승한 이익의 삼매와, 갖가지 뜻을 갈무리한 생사와 열반 부문의 삼매에 들어간다.

이와 같은 등의 큰 지혜와 신통의 문을 구족한 백만 삼매에 들어가서 이 지위를 깨끗하게 다스린다.

悲力故로 超過二乘地하야 得觀察智慧地니라

佛子야 菩薩이 住此地에 善淨無量身業無相行하며 善淨無量語業無相行하며 善淨無量意業無相行일새 故得無生法忍光明이니라

解脫月菩薩이 言하시니라

佛子야 菩薩이 從初地來로 所有無量身語意

이 보살이 이 삼매를 얻고는 방편 지혜를 잘 다스려 깨끗하게 하는 까닭이며 대비의 힘인 까닭으로 이승의 지위를 뛰어넘어 지혜의 지위를 관찰하게 된다.

　불자여, 보살이 이 지위에 머물러서는 한량없는 신업의 모양 없는 행을 잘 깨끗하게 하며, 한량없는 어업의 모양 없는 행을 깨끗하게 하며, 한량없는 의업의 모양 없는 행을 깨끗하게 하는 까닭으로 무생법인의 광명을 얻는다."

　해탈월 보살이 말씀하였다.

업 기불초과이승야
業이 豈不超過二乘耶잇가

금강장보살  언
金剛藏菩薩이 言하시니라

불자  피실초과  연   단이원구제불법고
佛子야 彼悉超過나 然이나 但以願求諸佛法故로

비시자지관찰지력
非是自智觀察之力이니라

금제칠지  자지력고  일체이승  소불능
今第七地는 自智力故로 一切二乘의 所不能

급
及이니라

비여왕자  생재왕가  왕후소생  구족왕
譬如王子가 生在王家에 王后所生으로 具足王

상   생이  즉승일체신중   단이왕력
相하야 生已에 即勝一切臣衆이로대 但以王力이요

"불자여, 보살이 초지로부터 지니는 한량없는 몸과 말과 뜻의 업이 어찌 이승을 뛰어넘지 못합니까?"

금강장 보살이 말씀하였다.

"불자여, 그들이 모두 뛰어넘지만 그러나 다만 원으로써 모든 부처님 법을 구하는 까닭으로 자신의 지혜로 관찰하는 힘이 아니다.

지금 제7지는 자신의 지혜의 힘인 까닭으로 일체 이승이 능히 미치지 못하는 바이다.

비유하면 왕자가 왕가에 태어남에 왕후가 낳은 바이고 왕의 상을 구족하여 태어나서 곧

非是自力이어니와 若身長大하야 藝業悉成하면 乃

以自力으로 超過一切인달하야

菩薩摩訶薩도 亦復如是하야 初發心時엔 以志

求大法故로 超過一切聲聞獨覺이어니와 今住此

地하야는 以自所行智慧力故로 出過一切二乘

之上이니라

佛子야 菩薩이 住此第七地에 得甚深遠離無行

常行身語意業하야 勤求上道하야 而不捨離하나니

일체 신하 무리보다 뛰어나지만 다만 왕의 힘으로써이고 자신의 힘이 아니거니와, 만약 몸이 자라고 기예가 모두 이루어지면 이에 자신의 힘으로 일체를 뛰어넘는 것과 같다.

보살마하살도 또한 다시 이와 같아서 초발심시에는 뜻으로써 대법을 구하는 까닭으로 일체 성문과 독각을 뛰어넘지만, 지금 이 지위에 머물러서는 자신이 행하는 지혜의 힘인 까닭으로 일체 이승의 위를 뛰어넘는다.

불자여, 보살이 이 제7지에 머무름에 매우 깊고 멀리 여의며 행함이 없이 항상 행하는 몸과 말과 뜻의 업을 얻어서 높은 도를 부지런

시고보살　수행실제　이부작증
是故菩薩이 雖行實際나 而不作證이니라


해탈월보살　언
解脫月菩薩이 言하시니라

불자　보살　종하지래　능입멸정
佛子야 菩薩이 從何地來하야 能入滅定이니잇고

금강장보살　언
金剛藏菩薩이 言하시니라

불자　보살　종제육지래　능입멸정
佛子야 菩薩이 從第六地來로 能入滅定이어니와

금주차지　능염념입　역염념기　이
今住此地하야는 能念念入하며 亦念念起호대 而

부작증
不作證이니라

히 구하여 버리지 않는다. 그러므로 보살이 비록 실제를 행하지만 증득하지는 않는다."

해탈월 보살이 말씀하였다.

"불자여, 보살이 어느 지위에서부터 멸진정에 들어갈 수 있습니까?"

금강장 보살이 말씀하였다.

"불자여, 보살이 제6지에서부터 멸진정에 들어갈 수 있거니와, 지금 이 지위에 머물러서는 생각생각에 들어가고 또한 생각생각에 일어날 수 있지만 증득하지는 않는다.

그러므로 이 보살을 이름하여 불가사의한 몸

고차보살　　명위성취불가사의신어의업
故此菩薩이 名爲成就不可思議身語意業하야

행어실제　　이부작증
行於實際호대 而不作證이니라

비여유인　승선입해　　이선교력　　부조수
譬如有人이 乘船入海에 以善巧力으로 不遭水

난　　　차지보살　　역부여시　　승바라밀
難인달하야 此地菩薩도 亦復如是하야 乘波羅蜜

선　　행실제해　　이원력고　　이부증멸
船하고 行實際海호대 以願力故로 而不證滅이니라


불자　차보살　득여시삼매지력　　이대방
佛子야 此菩薩이 得如是三昧智力하야 以大方

편　　수시현생사　이항주열반　　수권속
便으로 雖示現生死나 而恒住涅槃하며 雖眷屬

과 말과 뜻의 업을 성취하여 실제를 행하지만 증득하지 않는다고 한다.

 비유하면 어떤 사람이 배를 타고 바다에 들어감에 좋은 방편의 힘으로써 물의 재난을 만나지 않는 것과 같이, 이 지위의 보살도 또한 다시 이와 같아서 바라밀의 배를 타고 실제의 바다에 가되 서원의 힘인 까닭으로 적멸을 증득하지 않는다.

 불자여, 이 보살이 이와 같은 삼매 지혜의 힘을 얻어서 큰 방편으로 비록 생사를 나타내 보이지만 항상 열반에 머무르며, 비록 권속이

圍遶<sub>나</sub> 而常樂遠離<sub>하나라</sub>

雖以願力<sub>으로</sub> 三界受生<sub>이나</sub> 而不爲世法所染<sub>하며</sub>

雖常寂滅<sub>이나</sub> 以方便力<sub>으로</sub> 而還熾然<sub>하고</sub> 雖然不燒<sub>하며</sub> 雖隨順佛智<sub>나</sub> 而示入聲聞辟支佛地<sub>하나라</sub>

雖得佛境界藏<sub>이나</sub> 而示住魔境界<sub>하며</sub> 雖超魔道<sub>나</sub> 而現行魔法<sub>하며</sub> 雖示同外道行<sub>이나</sub> 而不捨佛法<sub>하나라</sub>

둘러싸 있지만 항상 멀리 여읨을 즐겨한다.

　비록 서원의 힘으로써 삼계에 태어나지만 세간법에 물드는 바가 되지 않으며, 비록 항상 적멸하지만 방편의 힘으로써 도리어 치성하며, 비록 치성하지만 불타지는 않으며, 비록 부처님 지혜를 수순하지만 성문과 벽지불의 지위에 들어감을 보인다.

　비록 부처님 경계의 창고를 얻었지만 마군의 경계에 머무름을 보이며, 비록 마군의 길을 초월했지만 마군의 법을 행함을 나타내며, 비록 외도의 행과 같이함을 보이지만 부처님 법을 버리지 않는다.

수시수순일체세간　　　이상행일체출세간
雖示隨順一切世間이나 而常行一切出世間

법　　소유일체장엄지사　　출과일체천용야
法하며 所有一切莊嚴之事가 出過一切天龍夜

차 건달바 아수라 가루라 긴나라 마후라가 인
叉乾闥婆阿脩羅迦樓羅緊那羅摩睺羅伽人

급 비인 제석 범왕 사천왕 등 지소유자　　이불
及非人帝釋梵王四天王等之所有者나 而不

사리낙법지심
捨離樂法之心이니라

불자　보살　성취여시지혜　　주원행지
佛子야 菩薩이 成就如是智慧하야 住遠行地에

비록 일체 세간을 수순함을 보이지만 항상 일체 출세간법을 행하며, 있는 바 일체 장엄의 일이 일체 천인과 용과 야차와 건달바와 아수라와 가루라와 긴나라와 마후라가와 사람과 사람 아닌 이와 제석과 범천왕과 사천왕 등에게 있는 것을 뛰어넘지만 법을 즐기는 마음을 버려 여의지 않는다.


　불자여, 보살이 이와 같은 지혜를 성취하여 원행지에 머물러서 원력으로 많은 부처님을 친견하게 된다. 이른바 많은 백 부처님을 친견하

이원력고　　　득견다불　　　　소위견다백불
以願力故로 得見多佛하나니 所謂見多百佛하며

내지견다백천억나유타불
乃至見多百千億那由他佛하나라

어피불소　　　이광대심　　　증승심　　　　공양공
於彼佛所에 以廣大心과 增勝心으로 供養恭

경　　　존중찬탄　　　의복음식　　　와구의약
敬하고 尊重讚歎하야 衣服飮食과 臥具醫藥과

일체자생　　　실이봉시
一切資生을 悉以奉施하나라

역이공양일체중승　　　이차선근　　　회향아
亦以供養一切衆僧하야 以此善根으로 迴向阿

뇩다라삼먁삼보리
耨多羅三藐三菩提하나라

부어불소　　　공경청법　　　문이수지　　　획여
復於佛所에 恭敬聽法하고 聞已受持하야 獲如

며, 내지 많은 백천억 나유타 부처님을 친견한다.

그 부처님 처소에서 광대한 마음과 더욱 수승한 마음으로 공양올리고 공경하며 존중하고 찬탄한다. 의복과 음식과 와구와 의약과 일체 살림을 모두 받들어 보시한다.

또한 일체 대중 스님들에게 공양하며, 이 선근으로 아뇩다라삼먁삼보리에 회향한다.

다시 부처님 처소에서 공경히 법을 들으며, 듣고는 받아 지니어 여실한 삼매 지혜의 광명을 얻어 수순하여 수행한다.

모든 부처님 처소에서 바른 법을 보호해 지

실삼매지혜광명　　　수순수행
實三昧智慧光明하야 隨順修行하나니라

어제불소　　호지정법　　　상위여래지소찬
於諸佛所에 護持正法하야 常爲如來之所讚

희　　　일체이승　　소유문난　　무능퇴굴
喜하며 一切二乘의 所有問難이 無能退屈하며

이익중생　　법인청정
利益衆生에 法忍淸淨하나니라

여시경무량백천억나유타겁　　　소유선근
如是經無量百千億那由他劫토록 所有善根이

전갱증승
轉更增勝하나니라

비여진금　　이중묘보　　간착장엄　　　전갱증
譬如眞金을 以衆妙寶로 間錯莊嚴하면 轉更增

승　　배익광명　　여장엄구　　소불능급
勝하고 倍益光明하야 餘莊嚴具의 所不能及인달하나니라

녀서 항상 여래께서 칭찬하고 기뻐하시는 바가 되며, 일체 이승의 있는 바 질문으로 굴복시킬 수 없으며, 중생들을 이익하게 하여 법인이 청정하다.

이와 같이 한량없는 백천억 나유타 겁을 지나도록 있는 바 선근이 점점 더 수승해진다.

비유하면 진금을 온갖 묘한 보배로써 사이사이 장엄하면 점점 더 수승해지고 광명이 배가 되어 다른 장엄거리가 미칠 수 없는 것과 같다.

보살이 이 제7지에 머물러 있는 바 선근도 또한 다시 이와 같아서 방편 지혜의 힘으로 점

보살    주차제칠지소유선근    역부여시
菩薩이 住此第七地所有善根도 亦復如是하야

이방편혜력       전갱명정      비시이승지소
以方便慧力으로 轉更明淨하야 非是二乘之所

능급
能及이니라

불자   비여일광    성월등광    무능급자    염
佛子야 譬如日光을 星月等光이 無能及者라 閻

부제지   소유니료    실능건갈
浮提地의 所有泥潦를 悉能乾竭인달하니라

차원행지보살      역부여시      일체이승    무
此遠行地菩薩도 亦復如是하야 一切二乘이 無

유능급    실능건갈일체중생    제혹니료
有能及이라 悉能乾竭一切衆生의 諸惑泥潦니라

차보살   십바라밀중    방편바라밀    편다
此菩薩이 十波羅蜜中에 方便波羅蜜이 偏多하니

점 더 밝고 깨끗해지니 이승이 능히 미칠 바가 아니다.

불자여, 비유하면 햇빛은 별과 달 등의 빛이 미칠 수 없으니 염부제의 땅에 있는 바 진흙탕을 모두 능히 말려버리는 것과 같다.

이 원행지의 보살도 또한 다시 이와 같아서, 일체 이승이 미칠 수 없어서 일체 중생의 모든 번뇌의 진흙탕을 다 능히 말려버린다.

이 보살이 십바라밀 중에는 방편바라밀이 치우쳐 많다. 다른 것을 행하지 않는 것은 아니나 다만 힘을 따르고 분한을 따를 뿐이다.

불자여, 이것이 보살마하살의 제7 원행지를

여비불행　　단수력수분
餘非不行이로대 但隨力隨分이니라

불자　시명약설보살마하살　제칠원행지
佛子야 是名略說菩薩摩訶薩의 第七遠行地니라

보살　주차지　다작자재천왕　　선위중
菩薩이 住此地에 多作自在天王하야 善爲衆

생　설증지법　　영기증입　　보시애어이
生하야 說證智法하야 令其證入하며 布施愛語利

행동사
行同事하나니라

여시일체제소작업　개불리염불　　내지불
如是一切諸所作業이 皆不離念佛하며 乃至不

리염구족일체종　일체지지
離念具足一切種과 一切智智니라

간략히 설한 것이다.

　보살이 이 지위에 머무름에 많이 자재천왕이 되어 잘 중생들을 위하여 증득한 지혜의 법을 설하여 그들이 깨달아 들어가게 하며, 보시하고 사랑스러운 말을 하고 이익하게 하는 행을 하고 일을 같이 한다.

　이와 같은 일체 모든 짓는 바 업이 모두 부처님을 생각함을 여의지 아니하며, 내지 일체종과 일체지의 지혜 구족하기를 생각함을 여의지 아니한다.

　다시 이 생각을 하기를 '내가 마땅히 일체 중

復作是念호대 我當於一切衆生中에 爲首며 爲勝이며 乃至爲一切智智依止者라하나니라

此菩薩이 若發勤精進하면 於一念頃에 得百千億那由他三昧하며 乃至示現百千億那由他菩薩로 以爲眷屬이니라

若以菩薩殊勝願力으로 自在示現인댄 過於此數하야 乃至百千億那由他劫에도 不能數知니라

생 가운데서 상수가 되고, 수승한 이가 되고, 내지 일체지의 지혜에 의지하는 자가 될 것이다.'라고 한다.

이 보살이 만약 부지런히 정진을 하면 한 생각 사이에 백천억 나유타 삼매를 얻으며 내지 백천억 나유타 보살을 나타내 보이고 권속으로 삼는다.

만약 보살의 수승한 원력으로 자재하게 나타내 보이면 이 수를 넘어서니, 내지 백천억 나유타 겁에도 세어서 알 수 없다."

爾時<sub>에</sub> 金剛藏菩薩<sub>이</sub> 欲重宣此義<sub>하사</sub> 而說頌曰

第一義智三昧道<sub>를</sub> 六地修行心滿足<sub>일새</sub>

即時成就方便慧<sub>하야</sub> 菩薩以此入七地<sub>로다</sub>

雖明三脫起慈悲<sub>하며</sub> 雖等如來勤供佛<sub>하며</sub>

雖觀於空集福德<sub>하야</sub> 菩薩以此昇七地<sub>로다</sub>

이때에 금강장 보살이 이 뜻을 거듭 펴려고
게송을 설하여 말씀하였다.

제일의의 지혜와 삼매의 길을
제6지에서 수행하여 마음이 만족하니
즉시에 방편 지혜를 성취하여
보살이 이로써 제7지에 들어가도다.

비록 삼해탈을 밝혀도 자비를 일으키며
비록 여래와 같아도 부지런히 부처님께 공양올리며
비록 공을 관해도 복덕을 모아서
보살이 이로써 제7지에 올라가도다.

원리삼계이장엄
遠離三界而莊嚴하며

멸제혹화이기염
滅除惑火而起燄하며

지법무이근작업
知法無二勤作業하며

요찰개공낙엄토
了刹皆空樂嚴土하며

해신부동구제상
解身不動具諸相하며

달성성리선개연
達聲性離善開演하며

입어일념사각별
入於一念事各別하야

지자이차승칠지
智者以此昇七地로다

관찰차법득명료
觀察此法得明了하고

광위군미흥이익
廣爲群迷興利益하야

입중생계무유변
入衆生界無有邊과

불교화업역무량
佛敎化業亦無量하며

삼계를 멀리 여의고도 장엄하며
번뇌의 불을 없애고도 불꽃을 일으키며
법에 둘이 없음을 알고도 업을 지으며
국토가 다 공함을 알고도 국토를 즐겨 장엄하도다.

몸이 움직이지 않음을 알고도 모든 상호 갖추며
소리가 자성 여읨을 요달하고도 잘 연설하며
한 생각에 들어가고도 일은 각각 달리하니
지혜로운 이는 이로써 제7지에 올라가도다.

이 법을 관찰하여 분명히 알고
널리 미혹한 중생들을 위하여 이익을 일으키며
중생계에 들어감이 가없으며
부처님의 교화하시는 업 또한 한량없도다.

국토제법여겁수
**國土諸法與劫數**와
해욕심행실능입
**解欲心行悉能入**하며

설삼승법역무한
**說三乘法亦無限**하야
여시교화제군생
**如是敎化諸群生**이로다

보살근구최승도
**菩薩勤求最勝道**호대
동식불사방편혜
**動息不捨方便慧**하야

일일회향불보리
**一一迴向佛菩提**하며
염념성취바라밀
**念念成就波羅蜜**하나니

발심회향시보시
**發心迴向是布施**요
멸혹위계불해인
**滅惑爲戒不害忍**이요

구선무염사진책
**求善無厭斯進策**이요
어도부동즉수선
**於道不動即修禪**이요

국토의 모든 법과 더불어 겁의 수효와
이해와 욕망과 심행에 다 능히 들어가며
삼승법을 설하는 것 또한 한없으니
이와 같이 모든 중생들을 교화하도다.


보살이 가장 수승한 도를 부지런히 구하되
움직이거나 쉬거나 방편 지혜 버리지 않고
낱낱이 부처님의 보리로 회향하며
생각생각에 바라밀을 성취하도다.


발심하여 회향함이 보시이고
번뇌를 끊음이 계가 되고 해치지 않음이 인욕이며
선을 구해 싫어하지 않음이 정진이며
도에 흔들리지 않음이 곧 선정을 닦음이로다.

인수무생명반야　　　회향방편희구원
**忍受無生名般若**요　**迴向方便希求願**이요

무능최력선료지　　　여시일체개성만
**無能摧力善了智**라　**如是一切皆成滿**이로다

초지반연공덕만　　　이지이구삼쟁식
**初地攀緣功德滿**이요　**二地離垢三諍息**이요

사지입도오순행　　　제육무생지광조
**四地入道五順行**이요　**第六無生智光照**요

칠주보리공덕만　　　종종대원개구족
**七住菩提功德滿**하야　**種種大願皆具足**일새

이시능령팔지중　　　일체소작함청정
**以是能令八地中**에　**一切所作咸淸淨**이로다

지혜로 무생을 느끼는 것이 반야이며
회향은 방편이고 바라고 구함은 원이며
능히 꺾지 못함은 힘이며 잘 요달함은 지혜이니
이와 같이 일체를 모두 만족하도다.

초지에는 반연으로 공덕이 원만하고
제2지에는 때를 여의고 제3지에는 다툼을 쉬고
제4지에는 도에 들고 제5지에는 수순하여 행하고
제6지에는 생겨남 없음의 지혜 광명을 비추며

제7지에서 보리의 공덕에 머무름이 원만하여
갖가지 큰 원을 모두 구족하니
이로써 능히 제8지에서
일체 짓는 바가 다 청정케 하도다.

차지난과지내초     비여세계이중간
**此地難過智乃超**가     **譬如世界二中間**이며

역여성왕무염착     연미명위총초도
**亦如聖王無染著**이나     **然未名爲摠超度**어니와

약주제팔지지중     이내유어심경계
**若住第八智地中**하면     **爾乃逾於心境界**가

여범관세초인위     여연처수무염착
**如梵觀世超人位**하며     **如蓮處水無染著**이로다

차지수초제혹중     불명유혹비무혹
**此地雖超諸惑衆**이나     **不名有惑非無惑**이니

이무번뇌어중행     이구불지심미족
**以無煩惱於中行**호대     **而求佛智心未足**이로다

이 지위는 지나가기 어렵지만 지혜로 초월하니
비유하면 세계 둘의 중간과 같으며,
또한 전륜성왕이 물들어 집착함이 없으나
그러나 모두 뛰어넘었다고 하지 않음과 같도다.

만약 제8지의 지혜의 지위에 머무르면
이에 마음 경계를 넘는 것이
범천이 세간을 관하고 인간 지위를 뛰어넘음과 같고
연꽃이 물에 있으면서 물들지 않음과 같도다.

이 지위에서 비록 모든 번뇌를 뛰어넘었으나
번뇌 있다거나 번뇌 없지 않다고도 이름하지 않으니
번뇌가 없으면서 그중에서 행하되
부처님 지혜 구하는 마음이 만족하지 않도다.

세간소유중기예  경서사론보명료
**世閒所有衆技藝**와 **經書詞論普明了**하며

선정삼매급신통  여시수행실성취
**禪定三昧及神通**을 **如是修行悉成就**로다

보살수성칠주도  초과일체이승행
**菩薩修成七住道**에 **超過一切二乘行**이라

초지원고차유지  비여왕자력구족
**初地願故此由智**니 **譬如王子力具足**이로다

성취심심잉진도  심심적멸불취증
**成就甚深仍進道**하며 **心心寂滅不取證**이

비여승선입해중  재수불위수소익
**譬如乘船入海中**하야 **在水不爲水所溺**이로다

세간에 있는 온갖 기예와
경서의 글과 논을 널리 분명히 알며
선정과 삼매와 그리고 신통을
이와 같이 수행하여 모두 성취하도다.

보살이 제7지의 도를 닦아 이룸에
일체의 이승행을 뛰어넘으니
초지는 서원인 까닭이며 여기는 지혜를 말미암음이니
비유하면 왕자의 힘이 구족함과 같도다.

매우 깊음을 성취하여 도에 나아가며
마음마음이 적멸하나 증득을 취하지는 않으니
비유하면 배를 타고 바다 가운데 들어가
물에 있으면서 물에 빠지지 않는 것과 같도다.

방편혜행공덕구
**方便慧行功德具**하니
일체세간무능료
**一切世間無能了**라

공양다불심익명
**供養多佛心益明**이
여이묘보장엄금
**如以妙寶莊嚴金**이로다

차지보살지최명
**此地菩薩智最明**이
여일서광갈애수
**如日舒光竭愛水**하며

우작자재천중주
**又作自在天中主**하야
화도군생수정지
**化導群生修正智**로다

약이용맹정근력
**若以勇猛精勤力**인댄
획다삼매견다불
**獲多三昧見多佛**

백천억수나유타
**百千億數那由他**어니와
원력자재부과시
**願力自在復過是**로다

방편 지혜 행하여 공덕을 갖추니
일체 세간이 능히 알지 못하며
많은 부처님께 공양올리고 마음 더욱 밝으니
미묘한 보배로써 진금을 장엄함과 같도다.

이 지위의 보살이 지혜가 가장 밝음이
해가 빛을 펼쳐 애욕의 물을 말리는 것과 같고
또 자재천 가운데 주인이 되어
중생이 바른 지혜 닦도록 이끌어 교화함과 같도다.

만약 용맹하게 정진하는 힘이라면
많은 삼매를 얻고 많은 부처님을 친견하니
백천억 수의 나유타이거니와
원력이 자재하면 다시 이를 넘어서도다.

차시보살원행지　　　방편지혜청정도
**此是菩薩遠行地**에　　**方便智慧淸淨道**니

일체세간천급인　　　성문독각무능지
**一切世間天及人**과　　**聲聞獨覺無能知**로다

〈大方廣佛華嚴經 卷第三十七〉

이것이 보살의 원행지에
방편 지혜가 청정한 도이니
일체 세간의 천신과 인간과
성문과 독각이 능히 알지 못하도다.

〈대방광불화엄경 제37권〉

# 大方廣佛華嚴經 ― 부록

- 대방광불화엄경 목차

- 간행사

# 대방광불화엄경
# 목차

〈제1회〉

| 제1권 | 제1품 | 세주묘엄품 [1] |
| 제2권 | 제1품 | 세주묘엄품 [2] |
| 제3권 | 제1품 | 세주묘엄품 [3] |
| 제4권 | 제1품 | 세주묘엄품 [4] |
| 제5권 | 제1품 | 세주묘엄품 [5] |
| 제6권 | 제2품 | 여래현상품 |
| 제7권 | 제3품 | 보현삼매품 |
|  | 제4품 | 세계성취품 |
| 제8권 | 제5품 | 화장세계품 [1] |
| 제9권 | 제5품 | 화장세계품 [2] |
| 제10권 | 제5품 | 화장세계품 [3] |
| 제11권 | 제6품 | 비로자나품 |

〈제2회〉

| 제12권 | 제7품 | 여래명호품 |
|  | 제8품 | 사성제품 |
| 제13권 | 제9품 | 광명각품 |
|  | 제10품 | 보살문명품 |
| 제14권 | 제11품 | 정행품 |
|  | 제12품 | 현수품 [1] |
| 제15권 | 제12품 | 현수품 [2] |

〈제3회〉

| 제16권 | 제13품 | 승수미산정품 |
|  | 제14품 | 수미정상게찬품 |
|  | 제15품 | 십주품 |
| 제17권 | 제16품 | 범행품 |
|  | 제17품 | 초발심공덕품 |
| 제18권 | 제18품 | 명법품 |

〈제4회〉

제19권　제19품　승야마천궁품

　　　　제20품　야마궁중게찬품

　　　　제21품　십행품 [1]

제20권　제21품　십행품 [2]

제21권　제22품　십무진장품


〈제5회〉

제22권　제23품　승도솔천궁품

제23권　제24품　도솔궁중게찬품

　　　　제25품　십회향품 [1]

제24권　제25품　십회향품 [2]

제25권　제25품　십회향품 [3]

제26권　제25품　십회향품 [4]

제27권　제25품　십회향품 [5]

제28권　제25품　십회향품 [6]

제29권　제25품　십회향품 [7]

제30권　제25품　십회향품 [8]

제31권　제25품　십회향품 [9]

제32권　제25품　십회향품 [10]

제33권　제25품　십회향품 [11]


〈제6회〉

제34권　제26품　십지품 [1]

제35권　제26품　십지품 [2]

제36권　제26품　십지품 [3]

**제37권　제26품　십지품 [4]**

제38권　제26품　십지품 [5]

제39권　제26품　십지품 [6]


〈제7회〉

제40권　제27품　십정품 [1]

제41권　제27품　십정품 [2]

제42권　제27품　십정품 [3]

제43권　제27품　십정품 [4]

제44권　제28품　십통품

　　　　제29품　십인품

제45권　제30품　아승지품

　　　　제31품　수량품

　　　　제32품　제보살주처품

제46권　제33품　불부사의법품 [1]

제47권　제33품　불부사의법품 [2]

| | | | | | | |
|---|---|---|---|---|---|---|
| 제48권 | 제34품 | 여래십신상해품 | | 제63권 | 제39품 | 입법계품 [4] |
| | 제35품 | 여래수호광명공덕품 | | 제64권 | 제39품 | 입법계품 [5] |
| 제49권 | 제36품 | 보현행품 | | 제65권 | 제39품 | 입법계품 [6] |
| 제50권 | 제37품 | 여래출현품 [1] | | 제66권 | 제39품 | 입법계품 [7] |
| 제51권 | 제37품 | 여래출현품 [2] | | 제67권 | 제39품 | 입법계품 [8] |
| 제52권 | 제37품 | 여래출현품 [3] | | 제68권 | 제39품 | 입법계품 [9] |
| | | | | 제69권 | 제39품 | 입법계품 [10] |
| 〈제8회〉 | | | | 제70권 | 제39품 | 입법계품 [11] |
| 제53권 | 제38품 | 이세간품 [1] | | 제71권 | 제39품 | 입법계품 [12] |
| 제54권 | 제38품 | 이세간품 [2] | | 제72권 | 제39품 | 입법계품 [13] |
| 제55권 | 제38품 | 이세간품 [3] | | 제73권 | 제39품 | 입법계품 [14] |
| 제56권 | 제38품 | 이세간품 [4] | | 제74권 | 제39품 | 입법계품 [15] |
| 제57권 | 제38품 | 이세간품 [5] | | 제75권 | 제39품 | 입법계품 [16] |
| 제58권 | 제38품 | 이세간품 [6] | | 제76권 | 제39품 | 입법계품 [17] |
| 제59권 | 제38품 | 이세간품 [7] | | 제77권 | 제39품 | 입법계품 [18] |
| | | | | 제78권 | 제39품 | 입법계품 [19] |
| 〈제9회〉 | | | | 제79권 | 제39품 | 입법계품 [20] |
| 제60권 | 제39품 | 입법계품 [1] | | 제80권 | 제39품 | 입법계품 [21] |
| 제61권 | 제39품 | 입법계품 [2] | | | | |
| 제62권 | 제39품 | 입법계품 [3] | | | | |

# 간 행 사

　귀의삼보 하옵고,
　『대방광불화엄경』의 수지 독송과 유통을 발원하면서 수미정사 불전연구원에서『독송본 한문·한글역 대방광불화엄경』과『사경본 한글역 대방광불화엄경』을 편찬하여 간행하게 되었습니다.
　『화엄경』은 우리나라에 전래된 이래 일찍부터 사경되고 주석·강설되어 왔으며 근현대에 이르러서는『화엄경』의 한글 번역과 연구도 부쩍 많이 이루어졌습니다. 그만큼『화엄경』이 우리 불자님들의 신행과 해탈에 큰 의지처가 되었던 것임을 알 수 있습니다.
　『화엄경』을 독송하고 사경하는 공덕은 설법 공덕과 함께 크게 강조되어 왔습니다. 그리하여 수미정사 불전연구원에서도『화엄경』(80권)을 독송하고 사경하는 데 도움이 되도록 한문 원문과 한글역을 함께 수록한 독송본과 한글역의 사경본『화엄경』간행불사를 발원하였습니다. 이『화엄경』간행불사에 뜻을 같이하여 적극 후원해주신 스님들과 재가 불자님들께 깊이 감사드립니다. 또한『화엄경』을 수지 독송할 수 있도록 경책의 모습으로 장엄해 주신 편집위원들과 담앤북스 출판사 관계자들께도 고마움을 표합니다.
　끝으로 이 불사의 원만 회향으로『화엄경』이 널리 유통되고, 온 법계에 부처님의 가피가 충만하시길 기원드립니다.
　나무 대방광불화엄경

　　　　　　　　　　　　　　　　　　불기 2564년 '부처님오신날'을 봉축하며
　　　　　　　　　　　　　　　　　　　　　　　　　수미해주 합장

위태천신(동진보살)

### 수미해주 須彌海住

호거산 운문사에서 성관 스님을 은사로 출가, 석암 대화상을 계사로 사미니계 수계, 월하 전계사를 계사로 비구니계 수계, 계룡산 동학사 전문강원 졸업, 동국대학교 불교대학 및 동 대학원 졸업, 철학박사, 가산지관 대종사에게서 전강, 동국대학교 불교대학 교수, 동학승가대학 학장 및 화엄학림 학림장, 중앙승가대학교 법인이사 역임.
(현) 수미정사 주지, 동국대학교 명예교수.
저·역서로 『의상화엄사상사연구』, 『화엄의 세계』, 『정선 원효』, 『정선 화엄 1』, 『정선 지눌』, 『법계도기총수록』, 『해주스님의 법성게 강설』 등 다수.

독송본 한문·한글역
# 대방광불화엄경 제37권

| 초판 1쇄 발행 _ 2023년 9월 24일

| 엮은이 _ 수미해주
| 엮은곳 _ 수미정사 불전연구원
| 편집위원 _ 해주 수정 경진 선초 정천 석도 박보람 최원섭
| 편집보 _ 무이 무진 지욱 혜명

| 펴낸이 _ 오세룡
| 펴낸곳 _ 담앤북스
　　　　서울특별시 종로구 새문안로3길 23 경희궁의 아침 4단지 805호
　　　　대표전화 02)765-1251  전자우편 dhamenbooks@naver.com
　　　　출판등록 제300-2011-115호
| ISBN _ 979-11-6201-822-4  04220

이 책은 저작권 법에 따라 보호받는 저작물이므로 무단전재와 복제를 금합니다.
이 책 내용의 전부 또는 일부를 이용하려면 반드시 저작권자와 담앤북스의 서면 동의를 받아야 합니다.

정가 15,000원
ⓒ 수미해주 2023